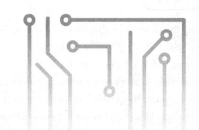

Changing The Game

A Playbook For
Leading Business Transformation

改变游戏

一本引领商业转型的工具书

【澳】格雷厄姆·克里斯蒂（Graham Christie）
【澳】迈克尔·弗林斯（Michael Vullings） ◎著

中国人民银行营业管理部青年翻译组 ◎译

WILEY　中国金融出版社

责任编辑：王雪珂
责任校对：潘　洁
责任印制：程　颖

图书在版编目（CIP）数据

改变游戏：一本引领商业转型的工具书 /（澳）格雷厄姆·克里斯蒂，（澳）迈克尔·弗林斯著；中国人民银行营业管理部青年翻译组译 —北京：中国金融出版社，2022.11

ISBN 978 - 7 - 5220 - 1722 - 8

Ⅰ.①改…　Ⅱ.①格…　②迈…　③中…　Ⅲ.①企业管理　Ⅳ.①F272

中国版本图书馆CIP数据核字（2022）第 151531 号

改变游戏——一本引领商业转型的工具书
GAIBIAN YOUXI——YIBEN YINLING SHANGYE ZHUANXING DE GONGJUSHU

出版
发行　　中国金融出版社

社址　　北京市丰台区益泽路2号
市场开发部　　（010）66024766，63805472，63439533（传真）
网上书店　www.cfph.cn
　　　　　　　（010）66024766，63372837（传真）
读者服务部　　（010）66070833，62568380
邮编　　100071
经销　　新华书店
印刷　　保利达印务有限公司
尺寸　　169毫米×239毫米
印张　　9.25
字数　　124千
版次　　2022年11月第1版
印次　　2022年11月第1次印刷
定价　　42.00元
ISBN 978 - 7 - 5220 - 1722 - 8
如出现印装错误本社负责调换　联系电话（010）63263947

"转型一个组织是21世纪的'必备'技能。迈克尔（Michael）和格雷厄姆（Graham）将高管人员和顾问的成熟技术与现实世界的洞察力和经验相结合，提供了一个供业内人士阅读的完整指南。对于任何参与领导变革的人来说，这本书都是必读的，这将丰富他们对转型公司、部门、职能或团队真正需要事物的理解。"

——奥拉夫·皮特施纳（Olaf Pietschner），凯捷（Capgemini）

亚太及中东地区首席执行官

"毫无疑问，要么转型，要么看着你的公司逐渐消亡、财富逐渐减少。弗林斯（Vullings）和克里斯蒂（Christie）运用他们丰富的行业经验，为领导者们带来了一本实用的必读指南，帮助他们创造转型，并培养实现组织转型和建立可持续竞争优势所需要的能力。《改变游戏》不仅是理论，更是一个循序渐进的转型指南。"

——马克·巴克曼（Mark Buckman），

澳大利亚联邦银行前首席营销官、澳洲电讯（Telstra）前首席营销官，

曾登上福布斯全球最具影响力的首席营销官榜单

"数字技术正以前所未有的速度改变着组织。《改变游戏》提供了在转型中保持领先的行动蓝图。这本书富有启发性，它使组织蓬勃发展而不仅是为了生存。它提供了一个实用框架，您可以使用它来驱动和塑造企业的未来。这是进行组织转型的高管们的必读书籍。"

——塔玛拉·奥本（Tamara Oppen），戈达迪（GoDaddy）

澳大利亚公司总经理

免责声明

　　本出版物内的资料仅代表一般性评论，并不代表专业建议。本文无意为特定情况提供具体指导，也不应将其作为就涵盖事项是否采取行动的决定依据。在作出任何相关决定之前，读者应在适当情况下征求专业意见。在法律允许的最大范围内，任何根据本出版物中的信息采取行动而引起的直接或间接责任，作者和出版商概不承担。

前　言

数字技术正在改变我们的生活和工作方式，成为所有行业转型变革的关键驱动力。

企业面临的机遇是巨大的，而且由于新冠肺炎疫情的暴发加速了数字化转型，它来得比预期更快。

带领公司经历重大变革的人不应胆小。变革本身需要强大的远见、同理心和动力，最重要的是需要一个强大又灵活的计划。

组织需要有才能的领导者来驾驭这种变化，并开辟一条新的道路——那些有能力推动公司业绩发生巨大变化的人，他们有信心和技能来应对不断变化的动态市场。

凭借35年的行业知识，迈克尔（Michael）和格雷厄姆（Graham）对数字创新并不陌生。本书借鉴了他们在大小组织中掌舵的集体经验，这些经验指引他们取得了重大的突破和变革。

引领商业转型的实用技能和诀窍不是在课堂上就能轻松学到的东西，而是从多年的经验和来之不易的教训中汲取的。这正是迈克尔（Michael）和格雷厄姆（Graham）带给本书的财富。

他们采用了企业转型所需的基本要素，并且使用了我经常在高层管理人员和高层管理咨询公司中看到的方法，将它们提炼成这本实用且具有指导意义的手册。

世界各地的高管团队和经理人员，无论处于哪个行业、专业知识几何，都能从这本书中的实用工具、模板和方法中受益。

我在澳大利亚和新西兰担任澳洲电讯（Telstra）和国际商业机器公司（IBM）首席执行官时，有幸目睹了公司下一代领导者的成长和发展，并且为了未来而塑造他们——他们不仅要成为那个时代的市场领导者，而且要在未来几十年中茁壮成长。

我在澳洲电讯（Telstra）工作期间，我所在的公司业务经历了一场不可思议的转型：公司将重心转向数字化和数据利用，并且建立了数据部。这为公司的未来奠定了基础，至今仍然作为业务运作的核心。

转型不仅需要高管人员，还需要组织内部各层级的领导者，他们需要具备突破极限的技能和毅力，找到更好的运营方式。这一点，加上重整业务的坚定决心，一直是澳洲电讯（Telstra）得以成功的重要因素。

最近，我有幸担任了澳大利亚联邦科学与工业研究组织（CSIRO）的主席。在这段时间，我看到澳大利亚联邦科学与工业研究组织（CSIRO）不仅改变了运营方式，还改变了研究方式，利用尖端技术加强所有科学领域的工作。它加快了解决澳大利亚最大挑战的研究进程，展现了人工智能和机器学习等数字技术对澳大利亚不断创新的巨大价值。

在这样一个关键时刻，数字化转型正在颠覆所有行业和部门，拥有针对这种变化的手册和蓝图是很重要的。

《改变游戏》正是这样一本指导公司、部门和团队转型的实用指南。无论是计划变革的新手还是经验丰富的老手，这本书都将为领导者提供框架、实用工具和路线图，以便他们全方位全流程的推动组织逐步变革。

大卫·索迪（David Thodey）

2020年12月

致 谢

这本书凝聚了许多人的共同努力，我们非常感谢各位朋友、家人、同事和客户们。

感谢在网络中为我们提供帮助的朋友和同事们，他们在本书写作的各个阶段帮助我们对草稿进行检查并提供反馈，包括罗伯特·金卡德（Robert Kinkade）、蒂姆·麦克莱门特（Tim McClement KCB OBE）、迈克尔·韦尔奇（Michael Welch）、马可·贝蒂（Marco Berti）博士和迪恩·布隆森（Dean Blomson）博士。他们的建议和反馈对我们写作与高管团队、高级领导和管理人员成功合作的方法时起到了重要作用，并帮助我们将这些想法转化为这本实用性强的工具书。特别感谢吉姆·帕特里克（Jim Patrick AO），他在此过程中给予了我们很大的反馈和鼓励。

在写这本书时，我们与许多行业的杰出高管进行了多次对话，他们分享了他们在一些标志性的澳大利亚和国际组织中领导转型的故事。我们非常感谢他们为这本书付出的时间和精力，帮助我们进一步深化全文的许多重要主题。

特别感谢以下高管的支持、时间和宝贵贡献：

蒂姆·麦克莱门特（Tim McClement KCB OBE）

英国皇家海军前海军中将

吉姆·帕特里克（Jim Patrick AO）

科利耳（Cochlear）有限公司首席名誉科学家

迈克尔·普拉特（Michael Pratt AM）
新南威尔士州政府财政部常务部部长

尼尔·罗宾逊（Neil Robinson）
澳大利亚新闻集团（News Corp Australia）数据部总经理

亚当·沃登（Adam Warden）
贝恩（Bain）公司前高级合作人

迈克尔·韦尔奇（Michael Welch）
全国宽带网络公司前转型部门总经理

序 言

数字技术将几乎颠覆所有行业，这意味着所有公司都无法避免地面临转型。过去十年，数字化转型的概念在媒体和企业文化中引起了相当大的关注，但这个术语经常被误解。我们在本书中定义的数字转型，并非要用数字技术取代传统方式，而是关于从整体上转变一家公司，并在数字技术的支持下，从组织效率和客户黏性方面实现重大变革。

随着全球领先的公司通过重塑和重组组织、探索新的可能性和采用新的工作方式来改变整个行业，客户的期望值急剧增加。这些新模式迫使公司不断调整和转变业务，以迎合客户和保持市场竞争力，使公司能够在数字时代得以生存和繁荣。

借鉴领先的实践经验，《改变游戏》是一本超越特定技术和数字趋势的工具书，它为各个部门的管理者提供了一个战略性高、可操作性强的转型变革框架。作为涉及引领变革重要内、外部方面的实用"路线图"，《改变游戏》采用直接思路，提供整体方法，借助相关概念和图解进行说明，并通过杰出领导者分享的见解和现实案例使文章更加生动。

目　录

概　述

本书阐述了如何实现公司业绩的阶梯式变化。这关乎如何开始、将精力集中在何处、在每个阶段该做什么——但最重要的是如何取得成效。

现实情况是，很少有公司能够长时间保持出色的业绩。大多数产品、公司甚至整个行业都遵循着早期快速增长、中期稳定成熟和后期逐渐衰落的模式。为了保持成功，公司必须有效地进行管理更新，否则就会面临失去客户和被竞争对手超越的风险——这种情况如果不加以管理，最终可能导致公司的衰落甚至倒闭——就像百视达（Blockbuster）、柯达（Kodak）和诺基亚（Nokia）等公司一样。然而，很少有公司擅长管理更新。

《改变游戏》不仅适合那些陷入困境、寻求复兴的公司，也适合所有需要定期改变发展轨迹的公司。世界上许多成功企业，如苹果（Apple）、亚马逊（Amazon）、通用电气（General Electric）、谷歌（Google）和微软（Microsoft），一次又一次地自我变革，才得以保持成功和市场领先地位。但改造一家公司，甚至是一家公司的一小部分，都可能是一项艰巨的任务，它常常涉及重组组织的核心能力。这对管理层和员工来说都是一项艰巨的任务，往往会遇到阻力和不确定性。然而，通过正确关注问题和提前计划，许多常见的陷阱是可以避免的。

我们借鉴领先的实践经验，就如何设计、管理和实现公司的成功转型提供实用的建议，并为您在自己的公司内采取行动提供依据。但首先，让我们来了解如何识别采取行动的必要性。

危机是转型的催化剂

每一次转型的核心都是一场危机。这其中有很多种情况：一方面，如果关注点在未来，那么危机可能是战略性的，重点要放在转变商业模式上，以保持可持续的竞争优势，使公司能够具备长期竞争力。另一方面，在一些艰难的情况下，比如面临资金周转困难时，危机可能与财务和资产相关，这时要关注现金管理和债务融资，以确保公司的短期生存。

决定是否要"改变游戏"，首先要评估公司的情况，以判断采取行动的必要性。公司的领导者应当了解目前面临着哪些内外部的挑战和机遇、当前形势变化的速度以及采取行动的计划。公司转型需要客观地审视公司当前的财务和经营业绩，以确定公司是否需要应对这种新情况。另外，领导者们可能会因为外部事件被迫采取行动，比如金融市场崩溃、全球流行病或是公共政策的重大转变。在这些情况下，基于既有挑战和机遇以及形势的紧迫性，公司通常会面临以下三种要求之一（见图0.1）：

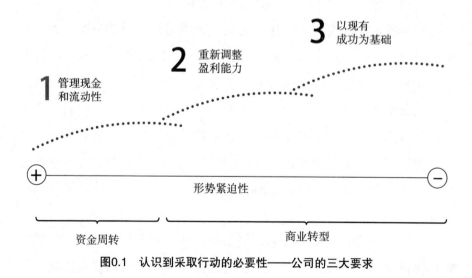

图0.1　认识到采取行动的必要性——公司的三大要求

1. 管理现金和流动性。为了保持公司偿付能力，确保财务义务得到履行，通常需要专业的外部支持。

2. 重新调整盈利能力。克服小于等于预期绩效的趋势，如未能达到销售或盈利目标。

3. 以现有成功为基础。通过应对市场变化、培养能力和把握新的机会来保持竞争优势，从而保持成功，取得更大的成果。

建立在现有成功基础上的公司应该注意市场转型的早期迹象，这将带来新的机遇。这些公司的领导者应该了解市场趋势是怎样的，什么时候这种长期情况会改变。尽早认识到市场变化，可以为利用这些趋势提供重要机会，通过主动重组公司、进行战略投资并探索创新来源，创造可行的未来选择。

对于在瞬息万变的市场中运营的公司来说，转型不再被视为"一次性"事件，因为市场变化需要"永远在线"的转型。在这种转型中，变化和更新是可持续的。这表明创新和转型的来源本身变得越来越重要，企业需要将其制度化或硬性条件链接到他们的运营方式中。创建一个有能力自我革新的组织并非易事。一家公司起初可能不具备全部必要的能力，但随着时间推移，它将建章立制、形成文化，适应变化，成为新常态的一部分。

一系列的情况表明，转型是公司前瞻性管理战略的重要组成部分。对于表现强劲的公司，本书提供了保持成功和向取得更好成果迈出一步的框架。如果一家公司面临着不确定的市场动态、日益激烈的竞争和低迷的财务业绩，《改变游戏》则提供了一个重塑公司、实现增长的途径。对于正面临着挑战的公司，不断增加的变革压力需要立即采取协调的、系统的应对措施。在每种情况下，《改变游戏》都提供了可采取的行动和推动结果的框架、方法和工具。

一种综合的转型方法

虽然转型计划需要根据每个公司的特有情况和背景量身定制，但成功转型的公司通常会采用一套比较正统的工具和方法。转型的必要性和需要努力的程度可能因公司而异，但仍有许多因素是共同的，包括评估现有绩效，探讨关键问题和机遇，设立一个大胆而富有雄心的未来愿景，制定稳健的战略，保障资金、技术和资源，以及在一个持续多年的项目中保持势头。因此，进行重大转变——无论是发现机遇并采取行动，还是应对危机——都可以成功地利用许多相同的工具和方法，在各种情形下获得出色的成果，这不足为奇。

本书将引导领导者通过五个阶段实现公司重大转型，这些阶段共同描绘了一个完整的过程（见图0.2），形成了一个包含规划、设计、管理和实施转型计划的动态方法，并提供了一种系统方法来克服许多常见的转型障碍。有时领导者会"即兴发挥"和寻求捷径，但训练有素、能够系统应用的领导实践，将极大地提高成功率。无论转型的重点是整个企业还是局限于单个业务部门、职能或市场，无论是陷入困境的公司需要快速有效的转型，还是一家优秀的公司渴望成为伟大的企业，《改变游戏》的策略都是适用的。

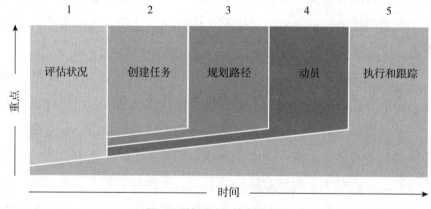

图0.2　转型过程的各个阶段

一个公司完整的转型之旅可以分为以下五个关键步骤：

1. 评估状况。对公司及其运营环境进行评估，可以识别关键机遇并确定优先次序，确保运营和财务稳定性，动员接受这个想法的高管团队奠定基础，并通过速赢策略建立信誉。

2. 创建任务。就公司现状以及面临的机遇和挑战达成共识，以便基于当前业绩建立一个客观的"基本案例"和发展轨迹。

3. 规划路径。创建一个令人瞩目的未来愿景，并制定具有明确目标的高层级愿望，从而向共同的方向和目标前进，以探讨战略主题和具体举措。然后则致力于创建一项行动计划，带领公司迈向理想中的崭新未来。

4. 动员。为公司变革做好准备，奠定实现交付的坚实基础；向员工和其他利益相关者清楚地传达公司战略；消除障碍并创造激励措施；不断推动变革；建立一个转型办公室来协调工作。

5. 执行和跟踪。制订详细的解决方案并且分配任务归属。确保资源是可用的，能够搭建日常程序来驱动和监控工作进展（包括审核节奏、绩效监控和根源故障排除），保证各项举措的实施，使公司能够充分发挥转型的潜力。

想要在转型的每一步取得成绩，都需要领导力、时间和毅力。在起步阶段，通常需要对人员、计划和快速行动进行大量的前期投资，以确保短期内取得明显成果，从而推动发展势头。有了合适的赞助和专业团队，计划转型的整个过程就可以较快完成。根据公司为了实现愿景必须做出改变的规模、范围和性质，计划的动员和执行可能会持续数月或数年。

图0.3概述了转型中的每个主要阶段以及可能需要的时间。图中的顺序、关键的交付成果和时间长短是用以说明的，在不同情况下会有所不同。例如，要改造一家业务庞大繁复、组织政治复杂、运营周期长的公司，要比在快节奏的行业中改造一家规模较小且灵活的公司所需时间更长。无论时间规划如何，采用分阶段的方法和明确的时间关键节点不仅可以使转型过程更易于管理，而且会提供一条通往成功的清晰路径。

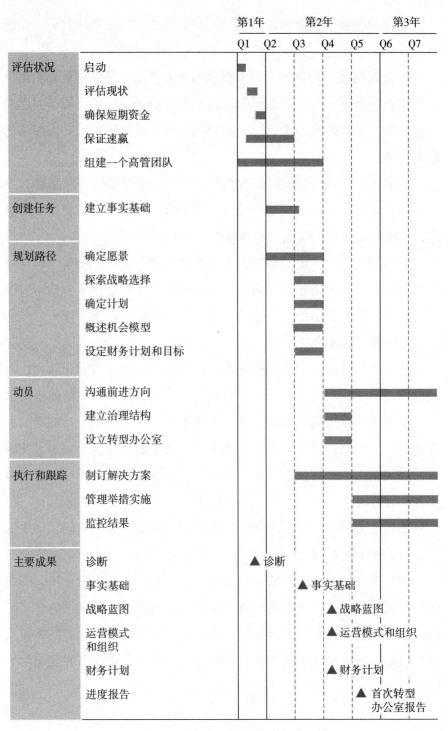

图0.3　企业转型高级阶段的关键活动说明

本书的章节根据五个阶段的大纲组织编写，涵盖了每个阶段的基本活动。每一章中不仅有理论说明，还提供了从公共资源和全球领先的高管们的采访中获得的生动的案例。然而，由于特定转型计划的许多方面都在公司内部严格保密，因此作者基于自身了解和经验补充了一些例子，以便为公司的转型提供全面指导。

第一章　评估状况

想要实现转型，人们通常会先评估公司的现状。不同人开展快速评估获得结果的广度和深度会有所不同，但目标保持不变：初步提出对公司当前战略、运营和财务状况的看法，总结挑战和机遇，引导关注紧迫问题。

这些快速评估通常由最高管理层或董事会发起，以获得独立、客观的评估结果。采用外部顾问可以帮助明确问题、收集数据、开展分析、梳理结果和提供建议。然而，评估也应参考管理层和员工的意见，通常采用独立或联合项目小组编写报告或上台演讲的形式。高水平的定量和定性分析将检查公司目前的战略、运营和财务状况。对于在评估过程中发现的问题，需要考虑其严重性、影响范围和持续时间，以确定采取哪些解决方法。

快速评估应回答如下重要问题，从而帮助管理层决策：

1. 是否需要采取紧急行动以确保财务和运营稳定？（这通常仅适用于面临现金和流动性问题的公司。）

2. 需要管理层关注的重点领域是什么？（这可能适用于整个公司或特定业务部门。）

3. 是否应该进行公司转型？是否可以通过努力解决问题、创造机会？

4. 公司如果开展转型，资金是否充足？是否需要采取短期行动来释放资金，或者开辟一条新的融资途径？（这些可能与短期影响收入、营业利润率和资产效率的措施有关。）

评估现状

如果公司的营利性或流动性存在潜在问题，那么对当前状况的评估应主要集中在财务问题上，以确定公司是否值得挽救、能否渡过难关。公司财务问题的评估主要考虑三个方面：（1）一项或多项核心业务的生存能力；（2）是否有充足的现金或获得过渡性贷款的途径；（3）是否有能提升绩效的组织资源。财务状况最坏时，最好的选择可能是将公司出售给战略买家或有控制地实施倒闭。否则，公司可以先灵活利用现金管理短期维持，同时制定更具战略性的应对措施，以追求长期发展。

如果转型的重点是重新调整公司的盈利能力，或在现有成功的基础上再接再厉，应该先开展一个涉及全方位的评估。其中应该包括公司的整体战略、资金和运营情况，评估财务报表趋势和财务指标。此外，应该查看各个业务部门，了解各部门绩效、对整体绩效的贡献、绩效变化趋势，或者检查特定区域、活动或产品，由此获得更多细节来完善评估结果。

评估结果应说明公司哪些领域需要管理层关注，同时阐述相关原因并概述解决方案。该方案首先需对问题类型进行判断，然后提供短期解决方法，例如告知如何快速取得成效，或如何解决紧迫的运营、财务问题。此外，该方案还应确定长期解决方法和关键的后续步骤，从而为制定战略方案奠定基础，以充分应对公司面临的挑战和机遇。关于开展诊断的分步方法，请参阅附录一：诊断公司业绩。

确保短期资金

转型通常需要自筹资金。一旦转型开始实施，相关措施节约的成本和获得的收入可以用于再投资，以推动转型的进一步开展。然而，建立良性循环通常需要在一开始就具备原始资本，从而为关键角色提供资金并帮助活动开展。原始资本用于启动转型并促进快速取得成效，这将为后续发展奠定基础，持续助推，最终形成良性循环。

越早获得资本，就能越早取得转型成果。因此，公司需要重点关注能快速（通常为3~12个月）释放资金的方法。对于财务状况良好的公司，预算和组织资源随时可用，包括现金储备或可重新分配的预算等。如果一家公司财务状况并不健康，面临"现金紧缩"，则可能需要先采取一些短期行动，之后再开始转型（见图1.1）。在短期内释放资本非常有效的举措包括：

● 销售——通过加大营销力度、改进定价和打折推动短期销售。

● 销售成本——改进采购策略，提高采购效率；改进措施包括合并购买和重新招标。

● 运营费用——通过全面或有针对性的成本削减计划降低成本，削减对象包括管理费用、固定成本和组织费用。

● 资本投资——优化资本支出，包括缩小投资范围、推迟或取消投资计划以及出售非核心资产。

释放资本的最佳措施因公司和环境而异，而前期的评估诊断可用于确定使用哪种。在决定措施时，请仔细考虑它的非财务影响。理想的措施不仅可以释放大量资金，而且可以作为"灯塔"来创造动力并在管理层和员工中建立信誉。这意味着释放资本最好举措的正面影响大，负面影响小，不会让实施者后悔。具体来说，这些措施价值高，易于执行，相关资本支出少，结果易衡量，广泛可见。一旦决定了最终措施，就应该对其进行规划、实施和跟踪，以确保迅速实现收益。即使获得早期资金，资本管理仍然是整个转型生命周期中的重要主题。因此，尽早了解资金来源和实现资金可持续性非常重要。公司的盈利能力、资金储备和持续获得资金的渠道都对公司日后的转型发展大有影响。

关于管理公司现金头寸的稳健方法，请参阅附录二：监控和改善现金流。

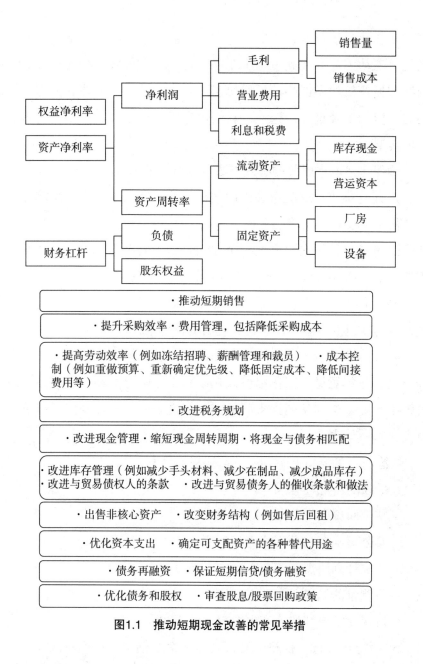

图1.1　推动短期现金改善的常见举措

快速取得成效（速赢策略）

在转型的早期，公司需要及时展示转型成效以建立威信。一般来说，前三个月是新任或将带领公司开展转型的领导必须证明自己的关键时期。通过快速取得成效，他们既可以在员工间建立信誉，又可以激发员工动力，并在此过程中获得支持、积累人脉，为公司日后解决问题和抓住机遇做铺垫。虽然快速取得成效首先需要建立信誉和创造动力，但如果经过仔细选择，它们也有机会通过释放短期资金以进行整体转型。

确保快速取得成效的有效方法可以概括如下：

1. 建立标志。建立可在内部文件、演示文稿中使用的品牌标志，方便员工提及和讨论转型事项。

2. 创建讨论平台。开发一个互动式全天研讨平台，从而激发员工兴趣，维持话题兴奋度，引导探索与转型相关的主题。

3. 赢得人心。广泛邀请员工参加研讨会或相关活动，并为与会者创造参与项目的机会，使研讨会提出的概念落地。

4. 试点和实验。建立一个工作组或非正式的项目团队，就试点展开研究，征集意见。工作组可以在以往工作中总结经验，或是在前期失败中汲取教训，从而探索新的方法。良好的早期计划包括以下几个特点：

– 强有力的支持并带领团队取得集体胜利；

– 争议的可能性有限；

– 狭窄而集中的范围；

– 对公司确有利益和价值；

– 实施计划所需的资金很少或不需要；

– 可测量的结果（定性或定量）；

– 可快速完成和快速产生影响（少于90天）。

5. 执行，执行，执行。制订具体方案，创建例行程序以监控和推动绩效直至完成（例如每日站会和每周会议）。

6. 分享成功。清楚地跟踪和记录好的成果，包括财务或运营措施、调查结果、合作伙伴反馈的正向变化等，然后将成功事项广泛共享。

以上活动展示了快速取得成效的过程，通过让尽可能多的员工参与其中，赢得广泛支持，从而带领公司共同谋划并取得早期胜利。这种方法有助于塑造员工对转型的积极看法，为日后开展更深层次转型奠定基础。

动员一支高管团队

动员一支高管团队指导和管理转型，需要从一开始就决定如何组织转型。从最简单的形式来说，当转型仅限于单个业务部门，开展转型的最好方法通常是对现有一线员工重新分配资源和变更管理。但在许多情况下，解决公司的问题需要彻底改革业务模式，包括流程、角色和能力。这可能不容易实现，因为对于大多数公司来说，转型不是公司DNA里的一部分。通常，公司缺乏转型所需的内部架构和专业知识，因此协调好人员分配和促进集中领导十分重要。

转型所需的集中领导，要求管理层或董事会提名一位负责全面工作的转型负责人。这项职责可以被分配给最有可能推动转型的高级管理人员（例如首席执行官CEO、首席运营官COO、首席财务官CFO、首席数据官CDO等）；或者，由首席执行官或董事会任命一名全面的首席转型官（Chief Transformation Officer，CTO）。确定首席转型官的定位和职责时，应该考虑几个关键问题：首席转型官需要制定和推动转型，还是仅担任管理团队的传声筒？目前的差距是什么？这个角色的权力有多大？他们对实施负有多大责任？哪些人最满足公司及领导团队的需求？

针对上述问题，不同公司的回答可能存在差异。公司应主要考虑当前所遇问题的严重性和紧迫性，结合现任管理层的表现，从而根据自身情况确定首席转型官职责。需要考虑的典型因素包括：

● 问题类型。如果有更多的时间和资源，公司的问题是否可以轻松解决，还是因过于复杂而需要用存在风险的新方法来解决？

● 影响范围。公司的问题是否与单个业务部门、流程或市场有关，还是涉及整个公司？

• 执行速度。问题是否需要快速解决，还是允许更多时间解决以换取更大的确定性？

• 干预程度。公司可以自行管理，还是需要外部资源、技术和能力？

• 对现有管理的信心度。现有的管理层是否具备实施转型的技术、知识和能力？

• 决策方式。关键决策是由业务部门做出，还是由少数人自上而下作出？

首席转型官的类型通常有三种，其因公司所面临问题的严重程度、岗位设定的职责范围而异。图1.2概述了公司情况与最合适类型的简单对应关系，随后对每个类型进行了解释。

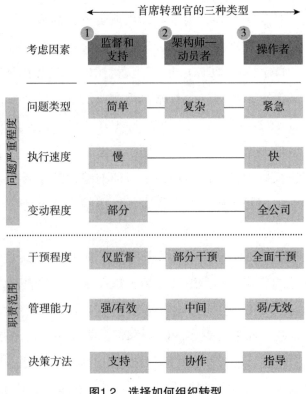

图1.2 选择如何组织转型

1. 监督和支持

为执行团队提供转型的整体战略框架，扮演建议者并提供独立监督（见图1.3）：

- 对实施进度、财务影响和转型结果独立监督；例外时实施干预。
- 为执行团队提供转型战略框架和相关建议。

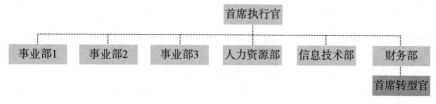

图1.3 监督和支持组织结构

2. 架构师—动员者

支持CEO和执行团队制订转型计划；根据职责范围和参与程度对计划实施情况进行管理（见图1.4）：

- 支持CEO和执行团队制订转型计划：
  – 共同制订方案。
  – 验证逻辑。
- 实际参与实施管理：
  – 领导主要/跨职能方案。
  – 积极支持实施。
  – 例外干预。

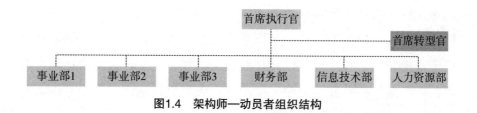

图1.4 架构师—动员者组织结构

3. 操作者

管理公司内部运作或关键部门，并作出财务和运营决策（见

图1.5）。

管理公司内部运作；发起并领导转型；作出财务和经营决策。

适合财务灵活、小型和家族企业。

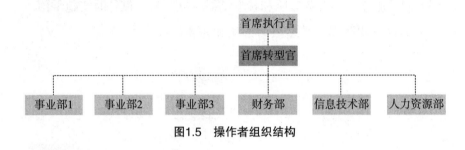

图1.5　操作者组织结构

除了提名首席转型官之外，还需要组建一个有能力的中心团队，为转型提供足够的资源和技能支持。虽然中心团队的规模、组成和技能会在转型过程中发生变化，但组建团队的初衷应该是选拔关键人物，其能在转型前期领导好团队，并在公司内建立有益的合作关系网。该团队应配备具有权威、信誉和技能的人员，从而更好地管理公司内部面临的问题。理想情况下，该团队应该配有各类人才：（1）业绩良好的在职员工。他们了解公司文化，可以利用现有的关系网部署工作并知道如何完成；（2）经验丰富的新员工。他们可以带来外部知识、专业技能和独到见解；（3）承包商和专家。他们能够高效克服短期能力限制，解决技能短缺，快速开展工作。

公司在设计中心团队结构和确定人员定位与职责时，应以消除转型初期障碍为目标。待团队确定后，消除这些障碍可参考一些方式，例如，建立或加强公司在业务战略分析、财务管理和报告展示等关键领域的能力；促进速效或稳定举措的执行；规划转型议程；保证持续稳定支持转型。在决定团队结构和报告路线时，公司需要考虑两个事项：资源池结构，通常围绕职能组织；人员矩阵结构，将中心团队与公司的现有组织连接起来（见图1.6）。

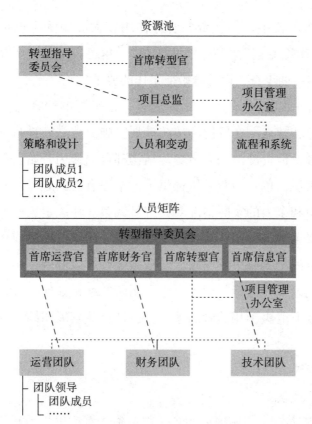

图1.6 构建转型团队的参考结构

近年来，基于敏捷方法组织团队和实施计划越来越流行。基于敏捷方法传递信息的想法从敏捷软件开发原则中汲取灵感，从而建立在敏捷原则和方法[①]下运作的团队。在建立敏捷团队时，工作方式比组织结构更重要。而转型计划的关键与敏捷和传统的计划实施方法均相关（分别建立一个治理指导委员会和一个集中转型办公室，用于协调团队）。

敏捷概念易于应用在资源池或人员矩阵结构，以提高计划实施效率。然而，敏捷原则下的工作汇报可能会不太正式。

敏捷原则倡议团队多开展自我指导，因此中心管理者在计划实

---

① 参见敏捷实施方法SAFe的4.6版本：面向精益企业的规模化敏捷框架概述。

施方面的作用较小，但在资源管理作用较大。团队应包括"产品负责人"① "敏捷专家"②和"团队成员"③角色，工作上要完成每日站会、冲刺和定期审查，以符合敏捷工作的要求。

在构建和组织中心团队时，没有"正确"的选择，因为每个选项都有优点和缺点。在敏捷和传统计划实施方法之间进行选择需要注意权衡取舍，但资源池和人员矩阵结构都可以作为开始转型的良好起点。一般来说，单一经营结构提供了一个强有力的起点。然后可以根据相关组织和个人的实际情况对其进行调整。在决定正确的结构和角色时，需要考虑如何调整对公司是有益的，即更好地适应现有的权力结构、特定的个人或组织需求。转型领导者可以部署一系列混合结构和治理模式以实现目标，而无论中心团队的结构如何，转型企业的成功很大程度上取决于相关者的才干，以及企业发展团结、高绩效员工的能力。

执行建议

1. 评估现状

△ 基于事实对问题形成初步认识，确定在哪里集中精力和需要采取什么行动。

△ 准备书面报告或演讲等形式的汇报，概述哪些领域需要管理层关注，为什么需要关注，以及相关应对措施是什么。

△ 获得董事会或管理层对汇报及建议的支持。

2. 确保短期资金

△ 确定实施长期计划和近期行动的资金来源（例如公司预算或释放资本）。

---

① 负责确保产品成果交付，并代表客户发声。

② 负责加快实施进程，消除障碍，促进跨角色和跨职能合作。

③ 具有自组织能力和授权能力的跨职能团队成员。

3. 快速取得成效（速赢策略）

△ 建立有影响力的标志或品牌，方便员工提及和讨论转型事项。

△ 实施一或两个容易完成并可广为人知的小举措，这有助于塑造员工对转型的积极看法。

4. 动员一支高管团队

△ 考虑转型所需的团队配置，包括转型领导者的角色、职责、直接下属和团队结构设置。

△ 确定转型团队人选，其提供组织转型所需的能力、资源和技术。

延伸阅读

Agile Manifesto (2001). Principles behind the Agile Manifesto [online].

Scaled Agile (2018). SAFe®4.6 Introduction: Overview of the Scaled Agile Framework® for Lean Enterprises [online].

Watkins, M. (2006). The First 90 Days: Critical Success Strategies for New Leaders at All Levels. Harvard Business Review Press.

第二章　创建任务

在转型的起始阶段，拥有足够对改变的支持至关重要，否则内部惰性将会导致转型早早面临失败。如果一家公司具有很强的积极性，且随时准备改变，那么为转型寻得支持和合法性就可以通过首席执行官或高管团队授权转型议程，并任命一个指导委员会来实现。指导委员会可以启动转型议程，并提供全面的赞助、设定改革目标和项目管理，这足以推动转型规划向前发展。如果公司准备不足，可能需要与高管和员工进行更积极的接触，以建立支持转型的人员基础。可以通过动员活动来激发员工最初的兴趣，赢得他们的支持和加入。第一步就是让起关键作用的、有影响力的人和意见领袖参与进来。

在组建领导联盟以推动早期筹备及转型议程时，无论是类似指导委员会这样正式的人事任命，还是非正式关系网，都必须为转型建立广泛的支持基础。一个坚实的基础应该包括足够多的关键岗位高管，这样转型进展才不会受阻。除发起高管外，转型工作组还应寻求在管理层和员工中有信誉的个人的参与，因为他们将有能力在指导和重塑公司发展方向的过程中引入新的观点。高管人员和有影响力的员工群体的积极参与，为转型议程建立深层次的支持至关重要。

在改变的初始阶段很难获得每个人的支持。大家的反映往往是褒贬不一的——从对手到被动参与者，从支持者到积极的拥护者——虽然这是意料之中的事，但事实上需要大量的支持。获得足够的认可需要时间，可以通过"硬"措施和"软"措施相结合的方式实现。"硬"措施包括关于结构和流程的决策——例如适应角色、明确职责和汇报流程，或者替换阻碍改变或阻碍改变议程的关键管理职位。

"软"措施包括促进心态转变的心理辅导和技能训练，争取关键意见领袖的支持和高频率的讨论以强调共同转型议程的紧迫性和重要性。

一旦指导委员会或转型工作组成立，团队成员需要就公司目前的状况、未来前景以及更重要的"为什么需要改变"等问题建立共识。建立共识的有效方法是在初步评估建议的基础上建立"事实基础"。建立"事实基础"的过程需要在造成挑战的根本原因、公司可能面临的机遇、公司运营的内外部环境，这些挑战会如何演变这些方面达成共识。

"事实基础"的搭建过程能保障小组成员之间定期、持续的参与，从而能够提出并整合反馈意见。这会使小组成员对公司所面临的情况达成深刻的共识。

"事实基础"的建立通常遵循一个结构化的过程，耗时数周或数月。过程中的产出通常会构成董事会文件及演示材料的基础，同时有一个基础的财务模型作为支撑，并为管理研讨会展望未来和探索战略选择提供有价值的参考。一个完整的"事实基础"应包含对公司当前表现以及潜在差距和机遇的充分理解。这将得出对预期未来表现以及对公司价值影响的综合看法。同时，这将是下一步研讨会和讨论的基础，来对明确的转型战略和议程进行定义，旨在释放公司的全部潜力。

摸清当前形势

摸清当前的形势，应从以下五个方面入手：

● 近期表现。这包括比较实际收入和预算收入、运营成本和息税前利润，了解公司近年来的整体经营表现，包括它是否实现了预算目标，以及总体趋势。

● 业务绩效。许多公司对于业务绩效管理都是作为单独板块管理的，如按地域、产品或部门等进行划分。有时这些板块会被叫作业务单元或业务线。应对近期表现进行分类，以了解哪些板块会影响公司整体业绩，以及是如何变化的。通常情况下，应该着眼于收入的变化（按业务条线），并弄清楚这些变化的原因。

• 成本的演变。看看公司的成本结构是如何随着时间的推移而变化的（固定成本与变动成本），并弄清楚变化的原因。了解公司的成本结构是如何演变的，都是出现在哪些领域，可以揭示公司业务的经济状况并提供深入了解的机会，例如如果销量下降、成本保持不变，成本上升的压力会出现在哪里。

• 定标比较。对公司员工和团队的关键绩效指标进行评估，可以识别出普通员工日常工作表现与最优绩效员工之间的差距。常见的比较指标包括成本、员工生产率和工作质量。类似高德纳咨询公司（Gartner）和美国生产力和质量中心（American Productivity and Quality Center，简称APQC）这样的公司可提供按需付费的基础数据，公司可以使用这些数据来比较和评估业绩。

• 现有的管理计划。为了应对当前的挑战和机遇，现有的计划可能已经在制订或正在执行中了。要对当前形势有一个清晰的认识，包含了解正在计划的举措或已经实施的举措、时间安排、实施顺序，以及它们可能对公司绩效产生的影响。

一个坚实的"事实基础"需对以上这五个领域一一进行评估。"事实基础"的作用和关键结论可以体现在图表和分析中。图2.1~2.4展示了对近期表现、业务绩效、成本演变及定标比较的总结结果。这些汇总图表有助于让公司各部分获得更详细的理解，如了解推动各领域绩效的因素以及主要问题、趋势和机遇。

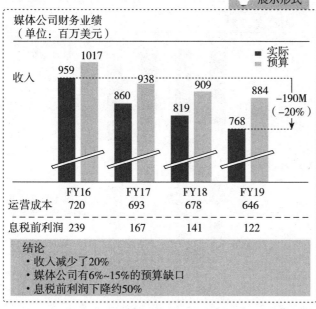

图2.1　了解当前形势—近期表现

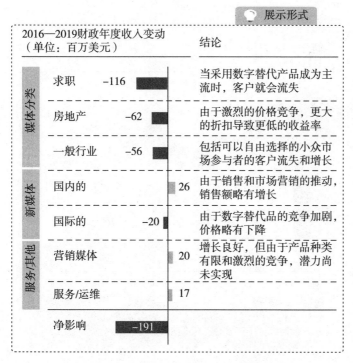

图2.2　了解当前形势—业务绩效

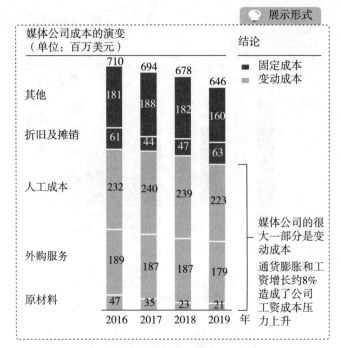

图2.3　了解当前形势—成本结构的演变

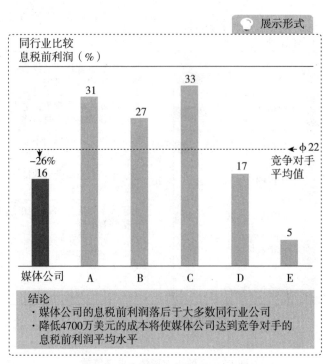

图2.4　了解当前形势—定标比较

确定外部前景

许多公司当前和未来的财务业绩表现在很大程度上受到外部因素的影响。因此，一家公司的盈利能力可能会因受到外部冲击而加速或放缓，例如客户偏好的变化、技术突破和技术监管、行业结构调整和竞争对手的表现[1]。一些外部条件会成为加速公司业绩的"顺风"；而另一些则会成为使公司未来业绩表现不佳的"逆风"。"侧风"[2]在很大程度上取决于公司管理层选择如何应对。随着公司面临的外部环境不断变化，管理层关于公司如何适应外部环境变化所做出的决策将最终决定公司的成功与否。"事实基础"的建立应该考虑外部环境对公司业绩的影响以及将会发生的变化。需要考虑的典型问题包括：

- 公司所处的市场规模有多大？
- 市场中处在价值链上的哪些业务正在增长，哪些业务正在收缩？
- 相对于竞争对手，公司在市场中的地位如何？在同业当中，公司是一个挑战者还是一个市场领导者？
- 随着时间的推移，公司的市场份额发生了怎样的变化？谁做得好，谁做得差？
- 市场参与者如何比较不同的绩效指标？（例如，最高收入、成本和利润）
- 带来挑战或机遇的关键行情（主要客户）趋势是什么，它们可能会对公司产生什么影响？哪些趋势带来了挑战或机遇，它们可能对公司产生什么影响？
- 在不久的将来可能会发生哪些政治或监管变化，以及这些变化

---

[1] 公司绩效和市场因素之间的联系可以追溯到20世纪30年代的"结构—行为—绩效"框架（梅森Mason），该框架后来为80年代竞争战略概念的发展做出了贡献（波特Porter）。

[2] 译者注：侧风是指与某一方向或行进方向有正交分量的风。

对公司有何影响？

- 面对类似市场情况的公司是否有成功和失败的案例参考？

公司经营的外部环境变化可能对公司当前的发展轨迹产生有利、不利或利弊交错的影响。一般而言，只需识别出主要的外部影响，并评估此类影响对公司财务业绩中的每个关键财务驱动因素所产生的作用力。能够识别那些带来最大挑战和机遇的因素，可以为制订转型战略和计划以及预测投入（包括市场敏感度和假设条件）提供实用参考。

专访：迈克尔·普拉特

摸清当前形势

2013年初，新南威尔士州政府运营了多个机构，每个机构负责提供一套独立的州政府服务。面对客户满意度极低、投诉率高、服务成本不断增加的情况，新南威尔士州政府将多个机构整合，成立"新南威尔士州服务局"，目的是为州政府服务建立一站式服务。

前银行业首席执行官迈克尔·普拉特（Michael Pratt AM）被任命监督和改造这个新成立的机构。迈克尔（Michael）领导这个公共机构经历了一个前所未有的变革时期，新南威尔士州服务局逐渐成为政府服务数字化交付领域的全球领导者。在短短几年内，客户满意度从60%提高到95%以上，服务成本大大降低，新南威尔士州服务局已成为全球公认的成功案例[1]。

尽管之前迈克尔（Michael）从未在政府部门工作过，并且面临着复杂而长期的挑战，但他对新南威尔士州服务局所面临的情况以及需要变革的根本理由有着深入的理解。他和他的管理团队在这个基础上

---

① 联合国电子政务调查，2018年。

制定了发展愿景和战略，并制定了新南威尔士州服务局长期规划实现路线图，从而带来了巨大的成功。

在开始转型之前，您是如何评估当前形势的？

了解环境背景并建立可靠的事实基础至关重要。在新南威尔士州服务局任职时，我做的第一件事就是花六个月的时间了解背景情况。我建立了一个研究实验室，让许多人给出不同的建议。我首先想了解政府是如何运作的，尤其是研究公民想要什么，我还研究了外部案例，如其他地方之前是怎么做的。

您是如何利用对当前业绩表现和外部趋势的了解来制定变革任务的？

案例的学习和研究非常重要。我收集了25个全球案例，研究它们有助于我们了解：哪些措施已经尝试过，哪些是有效的？哪些在其他地方失败了？了解公民想要什么是非常重要的。当领导层不能达成一致意见时，研究工作在做出正确决策方面发挥了重要作用。因为真正重要的不是我或其他人的想法，而是公民们的想法。

评估公司影响和基本情况

当人们注意到公司业绩上的不足或是发现一个采取行动的明确机会，都会促使变革出现。在这两种情况下，为了满足促进变革的需要，清楚地了解基于现有条件运营公司的财务和非财务后果是非常重要的。通过制定财务预测（财务模型）来估计公司未来的财务状况，以及量化对股东价值、息税前利润或其他量化价值指标的影响，对于了解公司的目前状况和制定参考框架来探索未来可能性至关重要。如果一个长期预期收益不足或加速下降时，这不仅为变革提供支持理由，也有助于明确量化风险和公司需要作出反应的时间框架。

财务预测的时间跨度通常应该是5~10年。他们应该将已经收集到的关键意见汇集在一起，以了解当前的形势和确定外部前景，从而提供一个包含公司业绩情况和未来关键运营指标的综合视图。完整的财务模型通常会生成一个基准或基本情况，预测资产负债表和损益表项目，以及关键的财务比率或业绩指标。因为合并、收购和资产剥离业务的财务影响往往难以整合和进行可靠预测，所以财务模型应在现有业务基础上，仅预测内生增长所带来的的影响。如果公司由多个业务线、业务单元或不同的商业模式组成，则通常需要分别对其中的每一个进行建模。在选择增长率时，理想的做法是选择中值进行假设来确定基准，而不是做乐观或悲观的判断。

一旦建立了基本情况预测模型，基准水平就成为支持管理决策的一个重要工具，可用于各种目的，包括规划、预算和目标设定。通常使用预测模型通过进行影响评估来估计经济敏感性。这包括测试关键驱动因素（如价格、客户数量和投入成本的变化）对公司整体业绩的敏感性，以识别和确定公司商业模式中对未来成功的最关键的要素。构建替代场景来模拟公司在不同条件下的表现可能很有用，尤其是在不确定的市场中进行预测和规划时非常有用。

图2.5提供了一种简单、稳健的方法来构建预测模型，并遵循五个关键步骤：

1. 收集原始数据。该公司当前的财务状况为建立预测模型提供了一个起点。其他相关原始数据包括市场数据和运营指标。有些公司可能有一个现有的财务模型和基本情况，例如用于预算、规划和预测的长期计划（LRP），可以根据新的设定和假设条件再次应用或"灵活应用"。在其他情况下，需要根据可用的原始数据和设定从头开始构建财务模型。

2. 分门成不同的业务条线。财务报表需要分解成关键的业务驱动因素，模型应该确定影响公司整体财务业绩的关键杠杆。一个复杂的业务可能由许多不同的业务部门、类别或部分组成，它们要分门别类进行管理，例如，地域、产品和细分市场。然后被分解成不同的模块，每个模块都有自己的驱动和杠杆，以提供一种更精细的方法来了解公司的业绩。

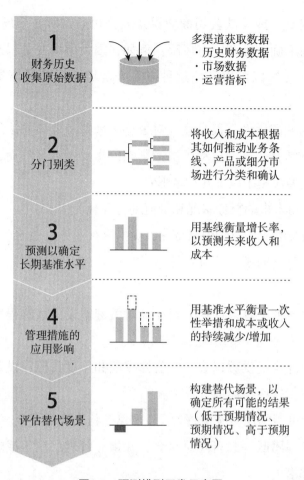

图2.5　预测模型开发示意图

3. 预测以确定长期基准水平。预测增长率可应用于预测未来收入和成本的基准驱动因素和杠杆。确定增长率的代表性指标可能包括公司的历史业绩趋势和市场假设。预测技术有很多种，正确的方法可能因需预测内容和所需的精准度而异。

4. 管理举措的应用影响。如果存在应对当前机遇或挑战的管理措施，这些机遇或问题可能会产生重大影响，但尚未包含在基准水平中或未包含在预测增长率中，那么其财务影响需要应用于基准水平和预测中。

5. 评估替代场景（可选）。可以构建替代场景来在不同条件下测评当前战略，或反映公司商业模式或公司运营所在市场（如高/低/预期）中的不确定性和固有风险。例如，因为市场变量因素会决定产出结果区间，所以可以利用这种方案来确定不同市场情景下的潜在结果。

稳健的预测模型不仅是建立对公司未来财务业绩看法的关键，还是规划和判断整个转型过程中决策影响的重要工具。然而，在早期阶段，预测模型应用于以下几种情形：

- 对公司未来的财务状况和价值进行客观评估。
- 根据关键业务驱动因素变化，提出重视业务发展的意见。
- 确定业务的哪些部分预计会增长或减少，以及可能发生的时间区间。
- 提供一种工具来评估公司业绩对关键假设的敏感程度，并评估替代场景在未来的年度影响。
- 为管理层提供数据表，以告知季度和年度目标，设定关键绩效指标，并根据这些指标进行管理。
- 估计可用的现金流量，为投资和增长机会提供资金。
- 与管理团队一起召开研讨会，并指导管理层制定战略，以释放公司的全部潜力。

预测模型结果及将其纳入"事实基础"的呈现通常使用预测图表（见图2.6），同时可以列明模型假设条件以及模型和备选方案之间的对比（见图2.7）。一般每个业务部门都有自己的模块或一组假设，这些模块或假设将共同形成全公司性的观点。综合这些图表为评估公司战略选择和管理处置的财务影响提供了坚实的基础，并在后续步骤中进行研究探讨，以扭转颓势或提升公司的预期未来业绩。

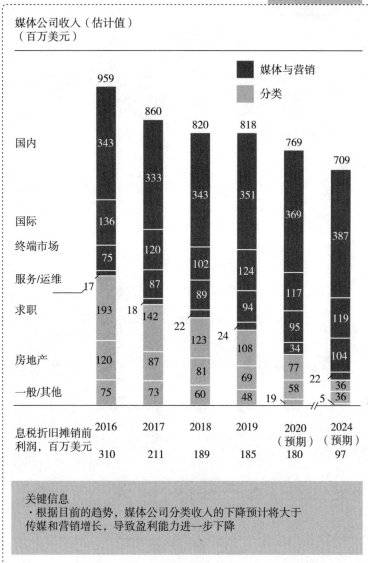

图2.6 目标公司长期展望（仅基于案例）

💡 展现形式

年度变化百分比（%）	低于预期情况	预期情况	高于预期情况
基本情况预测 销售	0%	2%	2%
·价格影响	−2%	−1%	−1%
·数量影响	2%	3%	3%
主营业务成本/单位	←——————— 3% ———————→		
运营费用	←——————— 3% ———————→		
管理举措 销售的有效性	每年实现5%的15%，为期3年	每年实现5%的50%，为期3年	每年实现5%的100%，为期3年
精简组织	实现7500万美元成本的5%	实现7500万美元成本的10%	实现7500万美元成本的15%
间接成本效率	实现800万美元成本的8%	实现800万美元成本的12%	实现800万美元成本的20%

图2.7 模型假设和替代场景

执行建议

1. 摸清当前形势

对当前公司有一个全面的了解。应考虑五个具体领域：

△ 近期表现。全面了解公司的整体运营表现。

△ 业务绩效。了解哪些业务单元对公司的绩效有贡献，以及这些业务单元是如何随着时间的变化而变化的。

△ 成本的演变。了解公司业绩的成本投入是如何随着时间的推移

而变化的。

　　△ 定标比较。了解公司与同类公司或类似组织的情况。

　　△ 现有的管理计划。了解已经在进行的管理计划，以及这些计划如何影响业绩。

　　2. 确定外部前景

　　△ 对公司外部正在发生的、会影响组织业绩的事情（例如，市场趋势、竞争、客户趋势、政治或监管变化）有充分的了解。

　　3. 评估公司影响和基本情况

　　△ 考虑公司现状和外部前景，准备一个三到五年的组织业绩预测报告。

　　△ 根据新的信息变化更新并持续预测，如果需要评估新情况对公司不确定性的影响则还需准备替代场景。

延伸阅读

Chambers, J.C., Mullick, S.K., and Smith, D.D. (1971).'How to Choose the Right Forecasting Technique'. Harvard Business Review.

Koller, T., Goedhart, M.H., Wessels, D., Copeland, T.E., and McKinsey and Company (2005). Valuation: Measuring and Managing the Value of Companies (6th edn). John Wiley & Sons.

Pignataro, P. (2013). Financial Modeling and Valuation: A Practical Guide to Investment Banking and Private Equity. John Wiley & Sons.

Kotter, J.P. (1995).'Leading Change: Why Transformation Efforts Fail'. Harvard Business Review 73, 59–67.

第二章　创建任务

第三章 规划路径

制订一个转型计划来释放公司的全部潜力,需要一种与制订一般年度预算和规划截然不同的工作方法。第一步要求管理层和员工设想一个理想前景并接受它。为实现这一目标而制定的战略,要侧重于具有高影响力的价值杠杆上,这能够使公司发展获得大幅度跃升。公司的愿景应该确立核心业务的范围和边界,而战略是确定一条通向领先经济体制的路径。因为每家公司都不同,对于公司愿景应该是什么,或者哪个关键战略选择将最有效地帮助公司实现愿景,没有一个标准答案;事实上,推进的路径必须专门针对公司所处的特定环境、挑战和机遇来制定。

制定战略选择能够使公司实现大胆的愿景,通过"未来视角"而不是"当前视角",来计划确定管理团队必须做出哪些关键战略决策,以实现设想的未来。有助于公司目标实现的相关战略选择包括抓住新的市场机遇、调整工作重点、在某些领域资源重组。公司的战略不应局限于单一的主导理念,而应包含一系列有共同目标的行动,从而形成一个有连贯计划的综合选择集。

变革的主要选择应根据公司的愿景系统地探索和评估。变革可能包括人员组织和管理、客户服务、公司销售的产品和服务,甚至可能包括公司运营的市场。变革的基础应该与公司面临的内外部挑战相对应,使公司能更好地满足其客户的需要,并与竞争对手更好地竞争,同时充分考虑公司目前形势、资产、新兴市场和行业趋势。

一旦确定了一套战略抉择,就可以通过举办互动式研讨会和讨论会来发展想法。如果执行得好,管理研讨会可以促进和加强人员参与，从而建立人员对转型议程的认可度。研讨会可带来大量战略选择和替代方案。事实上，构思过程应该产生比实际执行的想法多得多的想法，因为它需要进行比较和权衡，以便确定优先顺序并挑出最有效的选择。

确定几个至关重要的战略选择，即实现转型所需的最小干预，涉及某种形式的优先排序或筛选，这个方法可以应用到所有选择中。对公司可用的战略选择进行整合、检验、改进和评估，以便在备选方案中对它们进行优先排序。

在所有选择中，确定重要性的标准应该是相同的。使用优先化过程来确定哪些战略选择将优先进行。在实践中，一个常见的方法是沿着两个坐标轴来规划想法：（1）选择的吸引力，基于它们对公司创造目标价值的影响；（2）选择的可行性，基于公司执行这些选择的能力。该过程将指出公司必须关注的领域，然后可以将其分组并与主题看齐，形成一个完整的计划，引导公司实现目标。

战略规划过程的一个重要方面是评估运营模式是否正确，以及公司能否成功地执行它。要决定正确的运营模式需要做出权衡，以便在公司内部最好地组织和分配资源来执行战略。确定和设计正确的运营模式将首先考虑当前的职能部门、核心能力、组织架构、岗位职责、资源水平、系统和流程及决策讨论是否可能阻碍或协助执行。对运营模式进行必要的改变可能涉及一些艰难的选择，比如需要在何时做什么，如何做，以及谁是特定角色的最佳人选，这可能涉及公司内部的重组和改制。

最后，任何对公司未来的目标设定和公司为实现这一目标而做出的战略选择，都需要从财务角度进行量化和评估，并着眼于现金流和资金。一个清晰的财务计划将评估运营模式改变带来的财务影响，并估计所有举措的总和能创造的价值。总的来说，未来发展道路需要拿出超过预期和业绩基线的收益，这为变革提供了基础。可能需要对战略和举措进行必要的调整，包括改变顺序、时间和进程，从最大限度发挥转型的最终影响。从价值管理的角度来看，成本优化和结构重组产生的现金流入和流出，应以创造整体价值最大化为目标，并在考虑产能限制、潜在风险和不确定性的情况下进行调整。

确定未来发展道路可以通过制定一个获得董事会或高管人员支持的全面计划或战略蓝图来实现。这将有助于巩固战略执行结果和规划过程的事实基础，并使关键决策正式化。在制定战略蓝图时，有力的推动将引导参与者和决策者形成并实现共同愿景，并确保战略和计划基础是稳固的，同时对当前业务状况保持现实的看法，以及在目标时间和范围内执行变革的能力。实现这一平衡为转变和转型指明了未来道路，既是一门艺术，也是一门科学。

所有这些关键活动都确定了明确的愿景，制定了有效的战略予以支持，然后选择优先举措——不一定遵循线性的、循序渐进的过程。所有这些都可能涉及许多利益相关者，尤其是在大型企业中，并将受益于事实基础、洞察力驱使和有分歧的观点，但参与者也有必要就未来发展道路达成共识。为了确保有效性，公司的愿景、战略、组织和优先举措需要保持高度一致，所以确定未来发展道路必然是一个迭代的过程。

确定愿景

确定明确的目标是变革的有力信号，也是使高管团队在一个共同目的或意图上保持一致的重要手段。这个过程应该有一个明确的目的地，让公司各个层级的人都参与进来，并将他们联系起来。

确定一个明确的目标……

一天，爱丽丝走到岔路口，看见一只柴郡猫在树上。"我该走哪条路呢？"她问。"你想去哪儿？"它回答道。"我不知道。"爱丽丝回答。"那么"，猫说，"没关系。"

——刘易斯·卡罗尔

愿景需要明确公司想要达到的目标。要确定一个理想的未来，出发点是要明确公司存在的原因，也就是它的使命和目的，然后思考各种可能性，重新设想一个不受当前现实限制的公司。一个公司的愿景可以采取不同的形式，如公司愿景、具体目标或基准，每一种都可以作为一个标志，表明重大变革正在进行，并建立一个明确的未来目标。

……这涉及许多人……

如果你想走得快，就一个人走。要想走得远，就一起走。

——非洲谚语

让管理团队参与进来，让公司各级人员都参与进来，可以围绕一个共同的目标激励整个公司，因为大家都更倾向于支持帮助自己参与制定的议程。这样做的结果是，与自上而下的指令相比，变革更具吸引力和支持力。

……将单个个体联结起来……

如果你想造一艘船，不要老催人去收集木材、分配工作和发号施令，而是要激起他们对浩瀚无垠的大海的向往。

——安东尼·德·圣·埃克苏佩

为了加强对转型的认同，目标和议程需要在个人和情感层面与人们联系起来。换句话说，这关乎赢得人心。在选择如何构建和定位整体转型时，积极地调动员工情绪和激发员工的热情可以在维持动力和推动变革方面发挥关键作用。有两种主要的选择可供参考，首选的方法可能因情况而异：

● 积极的情绪。强调可能性，以不同方式处理事情的机会，以及公司超越现状的潜力（"雄心壮志"或"大胆的愿景和机遇"）；这可以适应从优秀到卓越的转变，提升员工的士气，从而形成在长期内实现想要改变的愿望。

● 消极的情绪。强调公司不足之处、公司现有缺陷的严重性，以及即将到来的危机——有时被称为"燃烧的平台"。这适用于紧急危机，如财务周转，因为它可以激发快速行动，但可能是短暂的，因为关注不足是基于恐惧，可能会导致员工参与度降低和员工流失率增加。

理想情况下，愿景应该以清晰、简洁、具有前瞻性的陈述形式呈现，以综合的方式描述公司的理想未来，包括：（1）公司要达到的目标，通常是3~5年；（2）公司将如何实现目标；（3）如果公司成功了，预期的结果是什么？以下是一些公司的例子，这些公司将这些原则体现在公司网站、公司档案和其他公开信息中：

印度石油公司

（印度能源和石油公司）

◆ 我们的目标：印度石油公司2030愿景："成为一家国际勘探和生产（勘探与生产）企业，在印度以外的至少两个地区开展规模化运营，显著提高产量、储量和现金流，同时以其从资产中提取价值的能力而闻名全球。"

◆ 如何实现目标（六个主要主题）：

★ 优化现有的产地，使产量最大化。

★ 在选定的印度盆地开展业务来扩大产量。

★ 在一到两个国际市场上建立并扩大业务规模。

★ 与全球能源价值链上下游合作。

★ 在全球成熟资产开发领域排名前十。

★ 通过重组组织架构、人员和流程来实现计划。

◆ 预期结果：

★ 每年6%~7%的正增长率。

★ 印度东北部以外地区的产量占比50%。

★ 跻身全球十大油企之列。

法国耐克森公司

（法国有线电视公司）

◆我们的目标：耐克森公司2022年的目标是：成为高端布线和连

接解决方案的领导者，致力于支持合作伙伴在智能能源转型、爆炸式数据传输和移动方面的发展。

◆如何实现目标（跨四大业务线实施三大主题）：

★ 降低运营成本。

★ 加大投入并做强核心业务。

★ 寻求收购和多元化发展。

◆预期结果：

★ 年均增长率高于5%。

★ 在高压电缆、工业和电信领域收入占比超过60%。

★ 资本回报率大于15%。

★ 约6亿美元的息税折旧摊销前利润。

澳大利亚博罗建材公司

（澳大利亚建筑材料和建筑产品供应商）

◆我们的目标：我们的愿景是将博罗打造成为一家全球建筑材料公司，以其全球领先的安全性能、创新的产品平台和优异的股东资金回报而闻名。

◆如何实现目标（关键重点领域）：

★ 抓住客户需求的增长点。

★ 改进价格和利润管理。

★ 提高运营效率以降低成本。

◆预期结果：

★ 保持或提高市场地位。

★ 抵消成本上涨，实现超过资金成本的投资回报率。

★ 基础成本每年节约1%~2%。

温尼贝戈工业公司

（美国汽车制造商）

◆我们的目标：温尼贝戈"北极星"——我们将成为户外生活方式解决方案领域值得信赖的领导者，在我们所从事的行业中提供无与伦比的创新、质量和服务。

◆如何实现目标（五大主题）：

★ 加强对领导力和问责制的关注。

★ 优化和发展房车（RV[①]）业务线。

★ 实现最佳实践操作。

★ 通过数字渠道进行创新。

★ 探索新市场实现多样化。

◆预期结果：

★ 在美国市场份额大于10%。

★ 营业收入大于10%。

★ 来自新部门收益超过10%。

★ 提升员工文化和参与度。

构建愿景是一个创造性的过程，它涉及形成一个符合公司具体情况的解决方案，没有放之四海而皆准的方法。即使两家公司非常相似，面临相同的市场条件，每个公司的愿景也可能会完全不同。此外，公司所有权结构和生命周期也会影响公司愿景，并导致截然不同的目标。例如，对有投资组合的公司来说，公司愿景的重点可能在于优化活跃投资组合中的资源配置，以平衡风险和回报。对于成长型公司来说，重点可能是沿着价值链进行扩张，以迅速占据一个新位置，追赶上规模相近的企业或达到市场份额目标。而对于必须削减成本的公司来说，其目标可能是找到一定期限内的盈亏平衡点或盈利基准。

愿景应具有以下几个特点：大胆、前瞻性、具体、易懂、鼓舞人

---

① 译者注：RV的全称是Recreational Vehicle，即休闲车，是一种适用于娱乐、休闲、旅行的汽车，首先提出RV汽车概念的国家是日本。从广义上讲，除了轿车和跑车外的轻型乘用车，都可归属于RV。MPV及SUV也同属RV。

心、真实和可度量。为了使公司愿景的效力最大化，值得思考的是公司愿景是否体现了这些关键特征，这些特征有助于提高愿景的质量、内容和可及性：

- 大胆。它通过设定一个具有挑战性的目标来使公司达到一个新的业绩水平，这需要勇气和决心。

- 前瞻性。它关注的是公司、市场、产品和客户未来的发展方向，而不是他们过去的发展方向。

- 具体。它涉及对公司未来的明确战略选择；聚焦，让每个人都知道公司的发展方向，相当于把一些木桩放在地上，缩小可能性的范围。

- 易懂。它创造了一种可传播的愿景，鼓励每个人参与进来，对组织中各个层次的人都有意义。

- 鼓舞人心。它通过激发员工的热情来激励和吸引员工，赋予愿景意义和目的。

- 真实。实事求是，愿景与现实之间长期存在的差距可能引致悲观情绪，需要重新作出承诺和采取明显的行动。

- 可度量。它量化了实现愿景（目的、明确目标）的进展。支持愿景的明确目标可以帮助确定公司是否走在正轨上。

探索战略选择

为了实现公司的目标，管理团队将确定需要什么样的决策和行动来缩小现状和目标之间的差距。通常，实现一个愿景的途径有很多，尽管其中一些不如其他有效或明确。战略的意义是为缩小选择的范围，以便清楚地了解：（1）公司应在何处竞争，有哪些市场、细分市场、产品；（2）公司应该如何配置其资本、运营和管理，以更好地满足客户的需求，超越竞争对手。为了实现公司的愿景，有必要抓住市场机会，降低成本并重组机构。它还可能要求公司具备重新聚焦、建立或剥离核心的能力。在这种情况下，制定战略无论是为了转型、扭转局面，还是转型公司管理工作的一部分，管理团队都要充分研究可用的战略选择。综合诸多因素，团队将斟酌权衡，再挑选出最能使公司实现其目标的战略选择。

以一家公司进入市场为场景说明战略选择的作用。一家公司评估潜在的市场机会，确定一个邻近市场日益增长的吸引力，该市场接近当前核心业务运营，但不在核心业务运营的市场范围内。战略必须确定这个市场对公司是否有吸引力，如果公司选择在该市场竞争，是否可以保持竞争优势。如果这是一个好的选择，那么也有必要确定进入这个市场的最佳途径，可以通过有机增长来实现，比如公司建立所需的产品和运营，与另一家公司建立合作关系，或者收购已经在那里运营的公司。从一阶决策开始，公司是否应该进入其他机会相关的邻近市场，以如何最好地执行进入决策，公司的高管团队需要对公司哪些战略选择能带来最好的结果形成清晰的看法。

战略选择正确与否会导致经济结果的巨大差异。以柯达（Kodak）和富士（Fujifilm）为例，随着利润来源从传统相机和胶片处理向数码产品转变，这两家公司面临着非常相似的市场状况。尽管面临着相似的挑战，但这两家公司的最终命运却截然不同。柯达专注于大幅削减成本，以在不断下滑的市场中保持盈利能力，随后，凭借有限的竞争优势或成本领先优势，较晚时间进入了竞争激烈的数码摄影市场。在同一时期，富士适应并探索其技术在邻近市场的应用。他们进行多样化经营，利用行业内技术寻找能够有效竞争的新市场。在评估了众多的替代方案后，富士做出了明确的选择，设立成像解决方案、信息解决方案和文档解决方案来增强竞争力，并建立了三个独立的运营部门，为这些市场的客户提供服务。

2000年初，柯达和富士两家公司当时还是势均力敌的竞争对手，但仅仅10多年后，柯达于2012年申请破产，而富士却蓬勃发展，并创造了远高于传统相机和胶片加工市场的收入（见图3.1）。

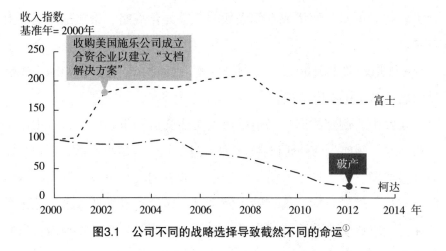

图3.1　公司不同的战略选择导致截然不同的命运①

　　制定战略选择会产生和评估许多想法，抓住机会并最好地解决问题，将会实现公司的目标。有些公司遵循一套更正式的规划流程，其战略是深思熟虑的，而另一些公司的战略规划是紧急的，随着公司向愿景实现的方向发展而灵活调整。对于许多希望逐步改变业绩的公司来说，战略选择仅仅需要把基本的事情做好，但也需要新的突破性想法，使公司能够沿着新的S形曲线发展。除了显而易见的选择之外，使用战略框架、工具和方法也有助于制定战略选择；但归根结底，每个案例都是独一无二的，因为它取决于市场、公司和相关人员。

　　产生和发展战略选择的过程中可以运用多种工具，包括：

　　● 规范性战略。当一个教科书式的问题或情况出现时，例如当一个公司沿着价值链向前或向后整合是有价值的时候，就需要战略解决方案。许多私募股权公司擅长寻找和识别教科书式的情况，然后采用经过现实验证过的策略。

　　● 选择框架。可以使用工具和方法来制定选择和强制进行选择。例如，波特的一般竞争战略坚持认为，管理团队要清楚，当一个公司

---

　　① 资料来源：富士胶片控股株式会社、美国证券交易委员会、宏观趋势有限责任公司、伊士曼柯达公司提供的信息。

为了超越竞争对手使用成本领先战略、差异化战略、聚焦战略是否有意义。

● 管理经验及判断力。在制定战略选择时，创造力、归纳逻辑和横向思维的作用不容忽视。

实践中，制定战略选择包括促进对话交流和举办论坛，以提出必要的问题。例如，场外研讨会①可以通过分组会议集思广益，探讨可能的战略选择。事先准备一份提议清单，或者制定一份战略草案，假设可以成功实现的目标，这有助于使研讨会讨论达成最佳效果。分组会议和讨论应该明确公司为了实现未来的目标或愿景而必须承诺采取的突破性主题或行动。

为了充分发挥公司的潜力，制定转型/扭转局面的战略选择需要同时解决三个方面的问题：

1. 现有业务。公司的哪些部分是核心？哪些战略选择能确保核心业务在短期内获得成功，并在长期内获得可持续的竞争优势？

2. 新业务。哪些战略选择能使公司在新的市场/细分市场/产品中抓住有吸引力的增长机会？

3. 联结协同。如果公司由多个部分组成，这些部分应如何一起运作并管理，以实现价值创造的最大化？

推动节约前期成本的战略选择可以为其他战略选择提供必要的资金来源，也是实现公司可持续发展和以增加市场份额为重点的融资而选择的一种手段。可是，一个以降成本为主题的战略很难在公司内部形成动力源。为了应对这种情况，该战略需要：（1）挖掘公司的成长潜力，激发员工对公司未来前景的兴趣；（2）释放资金流动性，提高优先投资所需的资金效率。即使节约成本是战略的主题，并且是短期内的紧急优先事项，但公司也不应完全依赖削减成本，长期来看，单靠削减成本不足以支撑战略的可持续性。每一家公司都需要一个明确

---

① 译者注：场外研讨会指的是在非办公地点召开的研讨会，形式以线下沙龙为主。

的长期增长规划。这意味着即使是在以成本为中心的转型战略中，努力将节约成本计划与公司未来愿景相结合，以实现效益增长也是至关重要的。

为了提供一些思路，本节概述了一系列战略选择，这些选择分为三类，是公司转型或扭转局势的一部分：（1）削减成本和管理利润；（2）实现增长；（3）有选择的构建能力（也可能是剥离能力）。在做出战略选择时，重要的是要匹配公司面临挑战和机遇的规模和范围。虽然这个列表并不详尽，但它是产生更多想法和进一步讨论的起点。

削减成本，管理利润

对于任何面临市场挑战的传统核心业务，特别是在传统核心业务板块处于结构性衰退、公司的核心增长速度放缓的情况下，重点在于能够将市场需求与成本结构相匹配，使公司能够长期盈利。为了适应新的市场环境，公司必须能够在较低的需求水平下盈利，而仅通过优化现有的成本结构很难或不能实现正确的成本结构。这需要对公司如何运营和服务客户进行彻底的反思。能够认识到这一点，才是采用变革性方法来降低成本的真正价值所在。

要重新设定公司的成本状况，需要一套自上而下的结构化构思：谁做什么，在哪里做。但它也包括自下而上的机会识别，即评估行动需求并推动流程和行动等级上的改进。将自上而下的结构变化与自下而上的增量改进相结合，将使公司能够解决整个基础成本问题，并从不同的角度降低成本。公司最大的可降低成本基础领域和最大限度的成本压缩领域可能带来最大的潜在利益。通常的战略选择包括：

● 降低间接成本。通过削减预算来减少运营费用，比如设定一个降低比率目标，或者对销售、一般和行政费用（SG&A）的使用和审批流程进行长期改进。

● 采购战略和采购来源。分析支出，评估品类策略、采购策略（做出购买决定），改善供应商管理，确保以战略方式整合，重新招标和重新谈判合同。

- 简化产品和优惠。基于客户价值或减少库存商品（SKUs）的数量重新设计产品，以降低复杂性和成本。

- 推动职能或部门成本转型（成本效率项目）。通过优化业务功能或一系列运营活动来降低可削减成本。例如：

  - 供应链。充分利用仓储和优化分销渠道，以降低成本/提高服务水平。

  - 生产。通过杜绝浪费和减少误差来提高产量。

  - 技术。优化、合理化和整合平台与基础设施。

  - 市场营销。优化营销活动和调配媒体支出，使投资回报最大化。要减少广告预算，请参阅"间接成本减少"部分。

  - 销售。重设销售组织和绩效管理。有关销售团队的有效性，请参阅下文"发展现有核心业务"部分。

- 重新设计/数字化流程。通过重新设计流程来降低成本和提高生产力；也就是说，减少非增值活动，合并、重组、简化和标准化流程。此外，人工智能和技术自动化正日益应用于提高过程质量和降低劳动力成本[①]。

- 外包和离岸外包。将公司能力、活动和功能外包到成本较低的地点，特别是那些交易频率高且对实体存在需求较低的地点。

实现业绩增长

选择和制定增长举措旨在增加公司现有的发展轨迹，并进一步加速盈利增长。需要探索的增长来源包括：使核心业务的利润增长最大化的战略选择，利用公司内部现有优势资源，向邻近有吸引力的市场进行扩张或收购的选择。发展增长选择可以受益于专业的资源和系统的方法。通常明智的做法是，将增长选择的实施作为独立业务运营，

---

① 领先的机器人流程自动化供应商包括Blue Prism、UiPath、Automation Anywhere，其他常用工具包括聊天机器人和虚拟助手。

以便孵化和保护它们不受核心业务或遗留业务的影响。选择正确的投资组合或增长选择组合是一个重要的考虑因素，因为不同的配置可能导致收入大小和收益时间上的巨大差异。

发展现有的核心业务

在现有的核心业务中，可能有几个未开发的增长源，转型战略应该利用这些增长源。与发展核心业务以外的机会相比，进行发展核心业务的选择通常需要更少的资金，涉及更少的风险，并且能够更快地实现。通常采用的战略选择包括：

● 打造王牌产品。创造和销售创新产品（或创新商业模式），以增加市场需求或从竞争对手那里夺取市场份额。

● 提高价格。提高价格是提高公司利润底线的有力手段，特别是当客户对价格变化的敏感度较低时。

● 提高销售团队的有效性。通过一个销售流程、系统、资源和能力，找到与客户需求和细分市场相匹配的方案，来提高销售业绩。

● 聚焦增长点。降低现有业务的平均业绩，更专注于公司最有潜力的领域，例如：

－优先考虑核心市场/细分市场/客户。

－退出没有利润或利润率低的细分市场。

－提高产品/客户服务绩效。

● 增加收购。收购并整合竞争对手或相关公司，以扩大规模或填补能力缺口。

新业务增长点

探索核心业务以外的增长源，可以突破公司现有的市场规模和增长率所带来的自然限制。公司想要实现其愿景，涉及现有核心业务以外活动的战略选择风险更大，但对于创造增长空间至关重要。通常采用的战略选择包括：

● 扩大到相邻区域。在现有市场上提供新产品，或利用现有产品进入新市场。

- 开拓新领域。在国际市场上建立地位。
- 多样化。进入与核心业务无关的全新市场或开发全新产品。
- 增加收购。收购相关公司进入新市场或填补能力缺口。

专访：尼尔·罗宾逊

成功的发展战略

尼尔·罗宾逊（Neil Robinson）是一名成功的销售和营销高管，在领导媒体内容和营销业务增长规划方面拥有超过20年的经验。他领导了大型上市公司和初创创新型企业的增长，关注现有的收入来源，并采用多元化战略寻求新的可持续收入来源。

为了实现增长，尼尔（Neil）特别强调对公司进行重组，以提升竞争力、凝聚力和业绩文化。尼尔（Neil）强调，在为传统业务制定增长战略时，公司不应把目光局限在短期机会上，而应研究探索创新增长和其他竞争战略，以确保业绩的可持续性。

为什么对公司来说，有一个明确的增长战略很重要？

许多公司运营得非常好，但如果不关注公司成长性，它们往往会停滞不前。随着时间的推移，可能会形成保守主义、限制性思维和内向型文化，因此企业需要一颗"北极星"来指引增长和扩张；这将使公司转向它需要的状态。

如何制定能使公司发展轨迹最大化的增长战略？

很多时候，公司只局限于当前的业务和目标，因此限制了增长潜力。一个增长战略应该消除这些限制，并转为关注当下之外的事情。公司需要从三个方面寻求增长：当前的核心业务、未来的新业务、通过创新和试验来创造可行的未来选择。这种方法使公司能够以更广阔的视野看待市场机会，并从其他行业和公司获得灵感。

在制定成功的增长战略时，高管应该考虑哪些因素？

高管们应该首先评估公司的增长资本。这包括观察公司的增长倾向，确保成功所需的相关因素到位。高级管理层对公司增长战略的指引至关重要，为了在整个组织中激活这一战略，公司应该从三个方面着手：能力、凝聚力和文化。能力是指拥有合适的人才，凝聚力是指将管理团队团结在一起，最后企业需要培育一种包容信任、学习和敢于试错的文化。所有这些因素结合在一起，就会推动增长，只有那些正确把握这些的公司才能蓬勃发展。

有选择地构建和剥离能力

在研究探索战略选择时，将公司目前拥有的能力和资产与未来成功所需的能力和资产进行比较。一方面，认识到哪些能力将在未来提供真正的竞争优势，并对这些能力进行投资，可以维持或建立市场领导地位。另一方面，战略性地削减或剥离目前对公司价值贡献甚微、或未来不太可能增加价值的能力，可以加倍释放核心业务的能力或提供进一步的投资资本，用来实行增长战略。

能力构建对于夯实公司未来的基础至关重要，特别是当市场和客户的期望发生巨大变化的时候。然而，能力建设的好处往往不容易表达或量化，这意味着它们有时与其他战略选择不同，被称为战略促成因素。这些战略选择使公司能够执行战略，并与管理团队的目标和愿景保持一致，但它们本身并不是战略。

一个公司的能力构建和资产选择很重要，因为公司很少能够在其商业模式的所有领域内有效竞争，而作为公司业务核心至关重要的能力会对业绩产生不成正比的影响。因此，重要的是要确定公司在哪些能力领域将是"与众不同的""一般水平的"或"低于最佳水平的"。例如，资本密集型行业更有可能从采购或完成项目中获益，而零售商和快速消费品公司可能会发现，在销售和营销职能方面的卓越表现对他们未来的成功至关重要。公司那些"低于最佳水平"的领域通常转为外包或与外部合作。提高公司能力，适应未来需求的战略选择可能包括：

● 组织职能完备。在当前或未来业务竞争优势的来源领域建立优势/差异化功能。

● 盘活现有资产。像品牌、关键技术或地理位置优势，这些真正差异化或独特的资产，有进一步提升的潜力或者以新的方式使用。

● 重设运营模式。这可能带来一些成本优势，但主要是通过更好的管理和组织公司的不同部门来更好地发挥协同效应，进而实现组织效率的提升。

● 人才和绩效管理。创建一个引人注目的价值理念，以吸引和留住人才，优化招聘方案，裁减低绩效员工，留住高绩效员工，并加大职场培训和发展资金投入。

● 剥离（非核心资产）。分拆或出售一些部门，并利用这些资金来重振核心业务，或将重点重新放在核心业务的运营和增长上，这过程包括整顿业务并准备出售。

● 重塑文化和价值观。改善公司文化的各个方面可以对公司的健康发展发挥巨大作用，是解决影响业绩系统性问题的关键。

确定战略重点

在确定战略选择时，需要对各组战略选择进行客观直接的优先级排序，才能找到最适合公司并且能够融入公司整体战略的组合。在公司资源和环境资源有限、甚至是受到约束的情况下，公司只需要关注对实现其目标产生最大影响的几个少数至关重要的战略选择。一家公司在朝正确方向发展的过程中，常常会遇到多种选择，有些选择是互不兼容的。成功的转型战略所包含的战略选择方向应是一致的，或者至少不会互相矛盾，它将公司的资源和精力集中在那些重要的事情上，并排除了干扰。

在确定构成转型战略基础的战略选择或其他事项的优先顺序时，目标是确定并关注三到五个备选项：干预越少越好。排序的优势在于能够使公司更加聚焦，集中资源在重要的领域并迅速采取行动。某些战略选择实施起来会比其余选择更加容易，会得到更大的回报，更加符合整体愿景，因此优先级排序是实现收益最大化的关键。确定优先顺序的过程需要明确的标准，这些标准要在所有选择中一致应用。同时，还需要正确的决策者参与其中。通用的标准包括实施的难易程度和财务影响。但是，优先级排序重点在于决策者而非流程：比较选项和优先级的常用方法包括：

● "2×2矩阵"。确定两个关键维度，在这两个维度上对每个战略选择进行评分，并优先考虑"最优象限"的举措（见图3.2）。

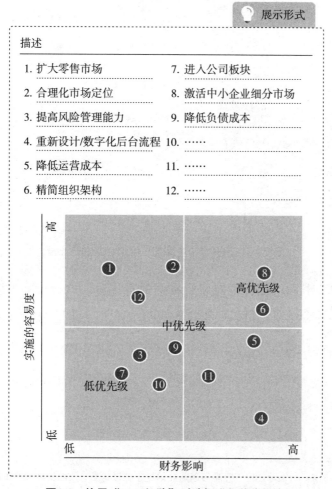

图3.2　使用"2×2矩阵"对选择进行优先排序

● 多标准筛选。通过一系列客观或主观标准对所有战略选择进行筛选，以确定优先子集（见图3.3）。

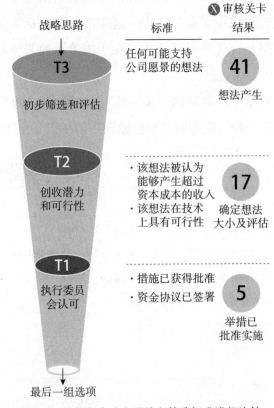

图3.3 使用多个（主观的）筛选标准进行比较

● 记分卡。根据标准对所有举措进行评分，这些标准可以包括多种维度和综合结果。可以使用量表或哈维球[①]（见图3.4和图3.5）。

---

① 译者注：哈维球是用于直观传递定性信息（项目状态、产品功能和员工绩效等）的符号。

		分数		
		1	2	3	4
带来的机遇大小（标准1）	收入增加	对收入影响很小或没有影响	产生200万至500万美元的收益	产生超过500万美元的收益	产生超过1000万美元可观且可持续的收入
	基础成本降低	对基础成本影响很小或没有影响	基础成本减少1%~5%	基础成本减少5%~10%	基础成本减少10%以上
	客户满意度提升	对客户满意度影响很小或没有影响	对单个细分市场内客户满意度有一些影响	对多个细分市场客户满意度有影响	对所有客户群体、品牌和产品有影响
对公司的重要性（标准2）	紧迫程度	无论是在未来3~5年内还是之后，影响都是相同的	可能再次出现的3~5年内的机会	抓住在未来3~5年内可能不会再次出现的机会的能力	未来1~3年的关键行动时机
	获得的难易度	成本、进度和影响存在高度风险和不确定性	成本、进度和影响方面存在中度风险和不确定性	存在一些风险，但这些风险已被完全识别并可以降低	机遇经常出现，且可以在几乎没有风险的情况下获得
	为未来奠定的基础	提高了当前的能力，但可能无法支持未来业务发展需求	建立支持现有业务并与未来发展相关的能力	建立为未来的扩展创造选择机会的能力	建立能够保持"游戏权利"的必要能力

图3.4　使用通用标准对举措进行评分（1/2）

· 调查问卷。向参与者发送调查，根据标准对战略举措进行评分或排名，并按综合结果确定优先事项。

公司战略优先考虑的事项应该基于每个战略选项对损益表和资产负债表影响的稳健性评估。这可能需要进一步细化战略选择并阐明基本举措，来提供必要的细节为最终决策服务。关于如何设置初始方向，自上而下的定性方法非常适合筛选选项，而自下而上的方法可用于进一步验证。总而言之，目的是为公司未来发展获得更广泛的支持。在确定战略选择初始优先级排序时，和在获得更多信息后对优先级排序进行调整时，排序的过程都应经过多次审定。不断更新迭代的最终战略选择组合形成前瞻性管理议程的基础。由此产生的一系列战略选择应进行整合并纳入战略蓝图。这些明确的战略选择为未来铺平了道路，并为转型战略奠定了基础（见图3.6）。

| | | 进行评分的战略选择/举措 | | | | | | | | | | | |
		选项1	选项2	选项3	选项4	选项5	选项6	选项7	选项8	选项9	选项10	选项11	选项12
带来的机会大小（标准1）	收入增加	2	2	2	0	1	3	2	2	3	3	3	2
	基础成本降低	1	1	1	1	4	1	4	1	1	1	1	1
	客户满意度提升	2	2	3	1	4	3	3	1	1	3	3	3
对公司的重要性（标准2）	紧迫程度	2	2	2	2	4	4	3	2	2	3	3	2
	获得的难易度	2	2	2	2	2	2	3	2	2	3	4	1
	为未来奠定的基础	1	1	1	1	1	1	4	2	2	4	4	3
	合计	10	10	11	9	15	12	20	10	0	17	18	12

图3.5　使用通用标准对举措进行评分（2/2）

	描述	根本原因	对2018/2019年度的影响 利润，亿美元
1 抓住零售增长机会	通过利用现有优势进一步发展，继续开拓零售领域	· 结算方面的竞争优势和高市场份额 · 缺乏银行认可的价值定位和安全贷款的能力	9.0~10.5
2 激活中小企业（SME）	· 发展特定细分市场的价值定位和报价 · 解决问题，满足中小企业需求	进一步提高中小企业业务部门的潜力	0.4~0.5
3 发展企业细分市场	· 塑造价值定位，改进信贷流程 · 增强一线业务能力	扩大业务范围，满足中型企业客户的需求	0.3~0.4
4 加强风险管理	提升治理水平，缩小信贷风险职能差距	改善管理和组织系统，来应对复杂的风险	NA
5 管理运营费用和组织	· 启动优化运营费用的计划 · 提高组织效率，弥补差距	· 管理运营支出来节省资金，为各项举措提供资金 · 组织改进是实现盈利增长的关键因素	1.6~1.7
小结	创建团队来支持转型项目的实施		合计 11.0~13.0

图3.6　设定明确的战略优先事项①

① 资料来源：根据《2022年前JSC CB "乌克兰商业银行"（PRIVATBANK）的战略》第30页中的信息，"转型项目依赖于一系列明确的举措，将使乌克兰商业银行（PRIVATBANK）2018—2019年的利润增加11亿~13亿乌克兰格里夫纳（1/2）"，https：//en.privatbank.ua/about/strategy。

制定举措和路线图

对于构成公司整体转型战略的每个战略选择或战略主题来说，将战略选择进一步分解为一系列举措是非常有必要的。我们可以进行详细的规划，来明确战略选择中各项举措的意义、实施方式和时间。单个战略选择可能包括一个或多个不同的举措，每个举措都有各自的目标、采取行动、关键节点、财务目标，以及必须实现的KPI。每项举措都应有单独的所有者，同时对所有者的选择也需要非常仔细，因为他们将是该举措的主要利益人，并且有权了解正确的信息和资源。因此，所有者通常是高管。在大型或复杂的组织中，或者当战略内容包含重要的跨职能工作时，举措的执行通常会涉及相互影响的多个方面。因此，明确各个组成部分的职责很重要，包括预先确定各项举措实施中需要的辅助支持。

对于如何将战略选择分解为有明确界定的范围、预算和时间线，随着各项举措的规划和推进将逐渐清晰起来。对于每个战略选择，无论是包含一项还是多项举措，都需要一个包含基本细节的可操作计划。收集信息的最佳方法是与措施提议者和财务部门建立联合团队，以系统地获取基本模板中所需的信息（见图3.7）。

收集每项计划输入信息的目的，是为了最终确定战略的前端概念和设计，来制定高级别"章程"，并对每个举措进行有效评估，包括实施的相关收益、成本和时间框架。在这个阶段，财务数据分别经过自上而下和自下而上验证的估计。"制订举措并设计详细的解决方案"着眼于制定详细的预算，第5章"管理举措实施"将转向讨论成本控制。

章程模板中通常需要获取的信息包括：

● 举措名称。为举措提供一个简短的标题。大型或保密项目有时会被赋予一个内部项目名。

● 范围及目标概述。提供举措目标的概要描述和对总体范围的说明。

举措名称	提升零售价值定位						负责人		Daniel·K

范围/目标

· 零售市场代表着一个有吸引力的增长机会，但长期以来没有采取适当的举措满足市场需求
· 引入更具竞争力的产品、改进营销和加强销售能力，可使公司随着零售贷款市场一同增长，从而提高盈利能力

指标和目标

指标	基线	目标							
		第一年				第二年			
		Q1	Q2	Q3	Q4	Q1	Q2	Q3	Q4
贷款量，美元	[x]	[x]	[x]	[x]	[x]	[x]	[x]	[x]	[x]
净利息收入，%	[x]	[x]	[x]	[x]	[x]	[x]	[x]	[x]	[x]
佣金净收入，美元	[x]	[x]	[x]	[x]	[x]	[x]	[x]	[x]	[x]
…	…								
…	…								
…	…								
…	…								

关键节点，时机和团队

关键节点	最后期限	领导	支持	重点关注领域
细分零售客户	Q3	Sarah K.	Aarav M.	研究
进行需求分析	Q3	Sarah K.	Aarav M.	研究
开发新产品路线图	Q1	Sarah K.	Aarav M.	产品
计划和发展市场营销	…	Lisa P.	…	市场
评估销售渠道需求	Q2	Aarav M.	…	销售
推出新的销售渠道（如果需要）	Q4	Aarav M.	…	销售
…		…	…	…

图3.7 收集和确认举措有效性的模板

• 单独所有者。包括对确保举措成功的总责任人（例如，发起人高管或总经理）的姓名。

• 指标和财务目标。包括可用于衡量举措成功与否的关键财务目标和运营指标。这包括设立基准和未来目标。像收入目标一样，财务目标应该包括所需的运营费用和资本支出。投资需求和实现时间对于获取收益非常重要，因此可以根据损益表和资产负债表的影响确定投资回收期。（具体请参阅本章后面的"整合财务影响"部分）。

- 关键节点和时间期限。确定任何可以用来衡量进展的主要活动节点和时间段。当经济利益"起伏不定"、不能稳定积累的时候，关键节点将是一个很好的先行指标。

- 团队和岗位职责。任何主要活动都要确定责任人，特别是在需要跨职能领导参与工作的情况下，可以增强协同性。

在每个举措模板中获取的信息都应该合并到路线图中，该路线图将提供实施该策略所需全部未来活动的多年集成视图。此合并路线图是以编程方式进行规划和管理举措实施的重要成果。作为综合计划的一部分，用不同的方法来概念化和整合举措，这可能取决于需求的确定性和对执行的信心。因此，路线图可利用可视化方法进行更加具象的表示，例如用"转换图"和 V 形样式表示，以及用带有时间线和重要节点的更具体的计划（甘特图[①]）表示（见图3.8和图3.9）。许多公司选择将与每个战略选择相关的举措管理合并为一个动态集合，而不是连续执行这些举措。这确保了高级别规划的流动性，举措实施时可以及时调整来应对意想不到的挑战和机遇。

在设计路线图的初始阶段，应先从大的方面入手，举措中的具体细节可以适当忽略。虽然明确分配时间的方法通常很有用，能够突出为各项举措规划和实施所留出的时间，但是过早的确定细节并不能带来任何优势。路线图的目的是为了体现流程的总体逻辑，并建立理想的实现顺序和进度安排。它能够体现举措实施的总体紧凑程度，以及特定部分的安排是否过多或过少。当确定实施的初始顺序和时间框架时，通用的原则或标准可以应用于提高经济效益、减少变更成本和降低实施风险，这些应该被考虑到路线图的设计中。包括：

- 源动力。优先考虑至少一到两个可以立即实现的、能够在早期

---

① 译者注：甘特图（Gantt chart）又称为横道图、条状图（Bar chart）。其通过条状图来显示项目、进度和其他时间相关的系统进展的内在关系随着时间进展的情况。以提出者亨利·劳伦斯·甘特（Henry Laurence Gantt）先生的名字命名。

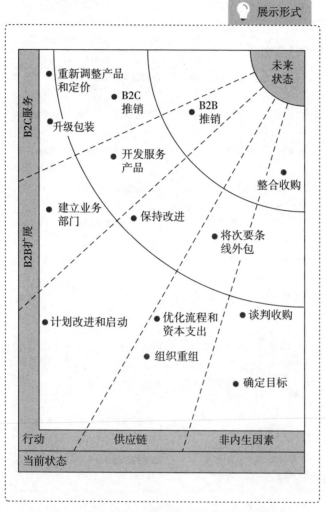

图3.8 实施战略选择的路线图（转型路线图）

取得成功的举措。即使这些结果在财务上的体现并不突出，但也将推动进一步的变革。

- 融资结构。举措的顺序应以尽快获得经济利益为目标；如果优先考虑能取得快速回报的举措，则可以对结果进行再投资，并最大限度地减少前期投资；当资金有限时，这一点尤为重要。
- 凝聚力。举措的安排应注重工作协同，这样最终的结果将会大于各个部分之和。那些对其他举措起到支撑作用的或处于关键路径上

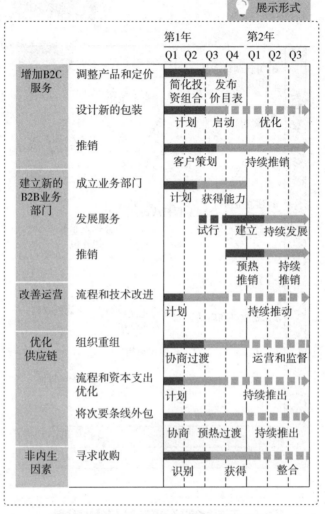

图3.9　实施战略选择的路线图（甘特图）

的举措，应该尽早启动并确定优先级，避免使它们成为瓶颈。

●变革成本。任何公司变化的能力都是有限的，因此实施计划需要平衡重大变化的强度、持续时间和频率，以尽量减少其干扰，避免疲劳。应该将对系统施加多大压力的决定考虑到统筹安排当中。

●敏捷性。健全的计划能够在挑战和机遇出现时及时做出反应和处理。总体计划应作为一个组合进行管理，该组合可以在现有优先级的情况下适应发生的变化。这将在不忽视未来3~5年目标的前提下取得短期胜利。

概述未来运营模式和组织架构

实施战略和举措的先决条件是有正确的运营模式。简单地说，运营模式阐述了公司如何进行组织管理，来为其最终客户创造价值。为了实现转型，公司应适当结合职能部门、核心能力、组织架构、岗位职责、资源水平、系统和流程以及决策讨论。所有这些都需要协同工作，才能实施战略，让组织如同机器一样良好运转。在某种情况下，特别是当组织表现不佳时，根据战略和路线图重新调整公司的运营模式，同时解决影响组织有效性的障碍，是推动生产力和效率的一个不可或缺的部分。

未来的运营模式将基于公司的愿景和战略。这意味着模式中可能会存在抑制战略的因素、或潜在的差距和瓶颈，这些都需要被识别和解决，以确保转型的成功。没有完美的运营模式。首先，变革的重点应该与实施战略所需的基本转变隔离开来。不同的设计选择可以极大地重塑组织的优势和劣势，但仅因为可以做出改变并不意味着它们应该如此。仅在有充分理由的情况下才应做出重大改变，并且要限制改变数量，因为太多的改变会扰乱运营模式。首先要确定一个基本的组织概念，只有在清楚地了解其好处并且在公司有信心能够执行时，才能进行重大的改变。

改变运营模式将是一项重大挑战，不仅因为要实现主要运营模式重新设计所带来的全部优势，可能需要12~18个月、甚至更长时间才能得以实现，同时强大的高级管理层支持也至关重要。就像任何可能导致"零和"结果的决策一样，运营模式的改变可能会遇到阻力，需要艰难的权衡和选择。运营模式的重大调整本身可以被视为一项重大战略举措，但从实施转型的角度来看，我们的关注范围可以缩小到为"推动因素"或实施战略所需做出的改变。确定未来运营模式的过程可以遵循一个成体系的、基于事实的方法。收集相关信息可以包括深入系统的访谈、对员工调查和对人力资源数据进行分析。重要的是检验制定决策的影响，并从员工那里获得一手信息；针对运营模式召开研讨会可以实现这一点。

1. 确定运营模型需求

我们建议采用一种循序渐进的方式来设计未来的运营模式。首先确定一组设计原则来建立目标状态的运营模式。原则应该精简，基于公司的战略并遵循组织设计的最优做法。运营原则会明确什么是重要的，战略中的首要事项具体包括成本目标、核心能力、增长点和重点客户。应用这些首要事项的典型原则包括避免重复、发展关键领域的专业知识、获得规模经济和客户响应能力。有时运营模式设计原则之间可能会存在冲突，例如，当客户反馈度与成本效益相矛盾时，强制采用等级原则得出最终结果是非常有必要的。表3.1提供了一个平衡公司愿景的关键运营模式原则的例子。

表3.1　说明性运营模式原则

愿景	约束
● 提供高效的点对点服务，提供市场领先的客户体验 ● 提供一个有效的、以客户为中心的、负责且透明的运营组织 ● 保持优势，在开发和推出创新的市场领先产品方面取得成功 ● 提倡以客户为中心、透明和可靠的价值观	● 组织结构改变不会： 　– 增加管理层级 　– 增加总体成本 ● 在公开招聘之前，首先要考虑内部应聘者 ● 围绕职位和组织架构的决议不会影响员工晋升资格

2. 确定目标运营模式

为了确定目标运营模式，需要探索与指导原则最匹配的选项。每个选项都应基于一个明确的组织概念，这是对活动进行分组的基础，并将共同构成整个点到点的价值链。该模式通常围绕五个主要理念之一进行组织：（1）市场细分（见图3.10）；（2）产品供应（见图3.11）；（3）地理位置（见图3.12）；（4）功能活动（见图3.13）；（5）工作流程（见图3.14）。每一项都可以作为公司结构变化的起点。

（1）市场细分。

- 描述：基于行业、细分市场或客户的分组。

- 优势：通过细分市场获得优质的客户信息和服务。

- 缺点：重复活动，包括不一致的流程和系统。

图3.10　按市场细分对活动进行分组

（2）产品供应。

- 描述：基于通用产品线或商业模式的分组。

- 优势：优质的产品知识和产品线。

- 缺点：当客户能从多个渠道购买时，会遇到困难。

图3.11　按产品供应对活动进行分组

（3）地理位置。

- 描述：基于物理位置的分组（例如，区域或领土）。

- 优势：靠近客户和供应源所带来的优势。

- 缺点：会降低规模经济和标准化。

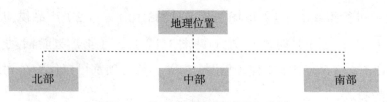

图3.12　按地理位置对活动进行分组

（4）功能活动。

● 描述：基于常见活动或功能的分组。

● 优势：实现更深入的功能、专业知识和规模经济。

● 缺点：可能导致团队之间的对接出现问题。

图3.13　按功能活动对活动进行分组

（5）工作流程。

● 描述：根据点到点工作流程中的关键步骤或活动进行分组。

● 优势：通过关注细分市场获得优质的客户信息和服务。

● 缺点：重复活动，包括不一致的流程和系统。

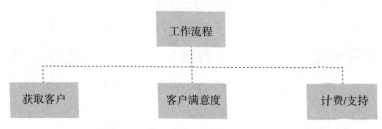

图3.14　按工作流程对活动进行分组

运营模式各有利弊，没有一种能够统筹公司职能的完美运营模式。实际上，大多数组织都是由两个或两个以上的组织概念混合而成的。许多成功的公司在适应内外部变化时会改变结构。在决定采用哪种结构时，将运营模式选项应用于组织结构的前两个级别，使用设计原则来评估备选方案。最佳选择通常是与指导原则匹配度最高的运营模式。

关键问题包括：

● 每种运营模式设计的优缺点是什么？

● 每个结构在多大程度上符合设计原则？

● 每项设计原则能否被衡量并应用于组织的某个特定部分吗？

最好的组织理念是最符合设计原则的理念，但任何模式都存在难点和弱点。这些需要通过运营模式设计的其他要素来补偿，例如联系角色、虚线报告、运营节奏或治理。

3. 识别深层次差距

进行转型的公司很少有适合的运营模式要素来实施战略。新模式的设计需要确保组织的每个部分都有适当的核心能力、生产能力和企业文化，以满足公司的战略目标，尤其是在需要战略转变的情况下。如果公司要在新战略下有效竞争和运营，有时可能需要全新的核心能力和心态。识别运营模式中的差距时，需要侧重评估有效实施战略所需做出的改变或干预措施。这既包括可以形式化的硬性因素，如结构、管理任命、角色定义和岗位职责，也包括软性因素，包括工作方式和公司文化，即领导风格、员工心态和行为。

提出的关键问题包括：

● 公司的能力是否与战略计划中确定的选择一致？

● 公司成功需要员工心态和行为发生什么变化？

● 为了确保成功转型，公司需要"过度投资"哪些资产和资源？

对这些问题的回答将会产生一套明确的运营模式干预措施，从而减少实施成功的障碍。常见的干预措施包括：增加产能，投资关键能力来支持战略；减少产能并外包非核心产能领域；以及输入新的工作方式，增加问责制，提高绩效的可视性，并改善协调和控制。

4. 制定举措来缩小与目标情形的差距

与其他构成转型的战略决策一样，需要规划和制定实施运营模式转变的举措，以及对公司成本结构的影响（见图3.15）。应详细规划运营模式的转变，包括组织结构转变，并从财务角度对其进行评估，以确定最终状态的节约或支出目标轨迹。这些转变将被制订成一个可行的计划，并由公司人力资源职能部门提供如何实施变更的信息。它们可以作为一项独立的活动进行，也可以合并到公司范围内的转型路线图（见图3.9）中，并参照明确的举措章程（见图3.7），具体取决于所涉及举措的范围和敏感性。运营模式举措的财务影响应包括获取

展示形式

■ 优先需要解决的差距

受到影响的职能和流程	差距	严重性	潜在的举措
销售计划			战略、人员配备和流程审查
产品和定价			额外招聘、新系统和流程
产生需求			流程审查
获取订单			人员配置和流程审查
广告业务			流程审查
多媒体前处理			新系统和流程审查
布局			流程审查
播出			流程审查
收费			培训和发展
客户服务			培训和发展
报告和分析			额外雇佣和保留
人力资源			战略审查
IT支持			战略和人员配置审查
采购			新流程设计
资金			流程审查

图3.15　找出运营模式中的差距

全职员工和工资的变化、重组成本，以及任何运营模式相关效率举措（如外包或自动化）的影响。

整合财务影响

经营模式的改变和未来举措的安排将不可避免地对公司的现金流和未来收益产生影响。这一点应在公司的财务账目（损益表、资产负债表和现金流量表）中考虑到并进行整体管理。每项举措都可能会自行推动收入、运营成本和资本要求变化，也可以有一次性或持续的成本和收益。然而，作为举措组合，随着运营模式的改变，转型的总体影响可能会极大地重塑公司的经济和财务轨迹。因此，将单独的举措及决策的财务影响整合到一个综合经济模型中，是衡量转型的整体净效益和构建实现公司愿景的财务途径的一项重要活动。该流程还直接将举措与财务计划、公司范围内需要关注的KPI和重要阶段联系起来。完成的模式可以用于几个重要目的，包括汇总转型在多年内预期给公司财务报表造成的影响，确定增量资金需求，提供未来预算指导，以及得出转型成功的衡量标准，例如财务目标、KPI和运营指标。

将转型的整体影响转化为与公司财务报表相关的稳健财务模式，这一过程可能需要花费大量时间，但在最终的结果中将会体现拟实施决策所带来的财务影响。强大的转型经济模型不仅有助于规划，而且可以成为首席财务官、财务总监或高级财务主管在转型期内宝贵的决策支持工具。即使在实施转型举措和新信息被曝光时，财务模式也可以更新并用于优化预测或做出权衡，评估决策将产生的动态后果。建立一个能够使公司估计潜在结果的全面模型，将涉及多个步骤：量化和整合举措、对计划的影响进行建模、编制预期财务报表，以及计算净收益。建立稳健财务模式的关键工作包括：

- 建立长期业绩基准。建立基于驱动因素的预算模型（或重复使用第2章"评估公司影响和基本情况"下的预测模型）。这将把公司的财务状况划分为关键驱动因素和假设。基准应使用当前的管理预期来引导未来的收入和成本预测，反映外部市场因素可能带来的影响。

• 整合计划的财务影响。确定转型计划产生的所有预期现金和资产流入和流出——例如战略举措、运营模式转变和重组成本。这些可能包括：

– 探索或获取核心能力和创造产能的资本要求。

– 通过提高效率、调整规模、出售或关闭非核心资产所释放的资本。

– 公司资本结构变化导致资本成本的变化。

• 模拟计划的影响。将转型计划和每项举措的影响应用于基于驱动因素的预算模型中的关键驱动因素和假设，来进行长期预测。为了最大限度地发挥计划的影响，需要考虑：

– 构建最佳案例。在前期投入具有重大影响和易于实施的举措，以实现净现值（NPV）的最大化。工作进度的安排要尽早开始，以累积收益并延长成本投入期。

– 根据约束条件进行调整。仅在有必要适应资本、产能、能力、风险、市场机遇、监管或法律等约束时，才对最佳案例进行调整。

• 重建财务报表。利用长期预测来生成公司的财务报表（损益表、资产负债表和现金流量表），这有时被称为构建"三表模型"，输出应包括：顶线、底线、自由现金流、关键KPI和财务比率的变化。

• 确定估值影响。进行现金流贴现分析，根据转型产生的预期自由现金流的贴现总和来确定公司的净现值。（需注意的是，公司的估值是按资本成本折现的，因此资本结构的改善可以直接推动公司净现值的改善。）

• 评估计划的敏感性。通过识别最具不确定性且对财务结果影响最大的价值驱动因素和相关假设，进行敏感性分析。这些关键假设有时被称为成功关键因素，应探索与之相关的风险和不确定性，并采取缓解措施，以降低产生不利结果的可能性和带来的影响。

• 制定替代方案（如需）。除敏感性分析外，还可以发展替代方案来评估财务模型输入项和假设的变化组合对公司估值的影响。不同的情况可能导致截然不同的投资情况和资金需求。多种方案的开发可用于对财务计划进行压力测试,并评估转型后的公司是否能够在一系列潜在条件下取得成功。

转型模式完成后应呈现转型实体的完整财务状况。结果可用于将实体的预测与公司基本情况进行比较(见第2章"评估公司影响和基本情况")。转型实体的财务状况和基本情况之间的差距是转型带来的增量效益。将转型后的实体利益与公司的预期值进行比较,可以帮助评估公司转型的预期结果是否能使公司实现3~5年内的财务目标(见图3.16和图3.17)。如果预期值与综合财务影响之间存在差距,高层可以重新

图3.16　公司前景与基本情况的比较(1/2)

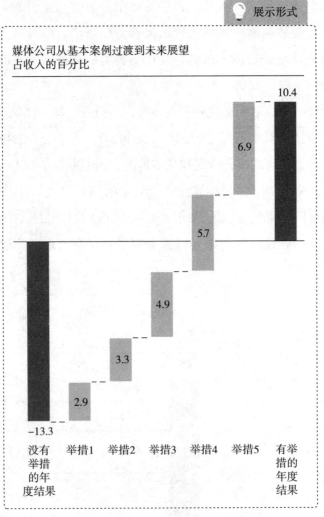

展示形式

媒体公司从基本案例过渡到未来展望
占收入的百分比

10.4

6.9

5.7

4.9

3.3

2.9

−13.3

没有举措的年度结果　举措1　举措2　举措3　举措4　举措5　有举措的年度结果

图3.17　公司前景与基本情况的比较（2/2）

审视预期值、战略选择或举措，并制定更现实的目标或探索缩小差距的机会。

在评估转型的财务状况时，有许多不同的方法来选择和观察模式的效果，以了解合并财务影响，以及业务的哪些关键变化发挥了主要推动改进作用。在评估转型影响时，董事会和高层通常会关注的产出情况包括：预计财务报表；整个项目的收入、成本和盈利能力的预测，或按举措或主题计算的增量数据；转型的投资概况（投资回收期的净现值、财务收益、同比现金需求）；资金需求；显示个人计划或主题对未来财务目标贡献的瀑布图；以及通过与公司相关的关键组织理念（如业务条线、产品、功能或地理位置），来对资金链进行分解。

资金是任何重大转型过程中的热门话题，并可能成为主要的制约因素。资金来源包括运营预算、留存收益、不同类型的债务（如贷款和可转换票据）及股权融资。最合适的资金来源将取决于公司的财务状况和融资选择的相对成本。健康的现金流和资产负债表以及低杠杆率和已偿还债务对寻求未来投资的公司来说是非常有利的，公司可以获得一系列选择，包括使用经营现金流。对于面临盈利危机或密切管理现金和流动性的公司，经营现金流可能不足，需要获得额外资金，如债务融资或筹集资本，或通过出售非核心资产释放资本。当需要增量资金时，需要仔细考虑资金的可用性和来源渠道，尤其是当公司已经有一个高杠杆的资产负债表，或者资本成本高，或者获得额外资本的渠道有限时。

董事会和高管们通常认为自筹资金的转型是理想方案，因为这被认为是低风险的。对于使用公司自筹资金的转型，目标是通过短期计划产生的增量经营现金流为计划提供资金（见图3.18）。一般的做法是通过提高定价和降低短期成本的举措（如运营、采购和采购效率）来追求收入的快速提高。已实现的收益可进行再投资，为新举措提供资金，从而创造一个良性的融资循环，以维持转型。然而，在现实中，通常需要一些原始资金来启动早期举措。当公司可以利用其他可用资金来更快地启动现有具备吸引力的投资机会时，则无须再等待早期计划产生的收益。

在发展成熟的行业中，一些核心业务正在衰退的公司往往面临着比使用自筹资金转型更深层次的挑战。这是因为需求下降或产品过时造成的利润压缩，会极大地限制营业利润作为资金来源的可用性。与此同时，短期杠杆可能已经被用作管理层应对措施，以抵消核心业务盈利能力的下降的一部分。面对这一挑战时，传统的管理方法是进行有计划的缩减，即将收入/需求的预测下降与预算和员工人数的减少相匹配。重新部署预算和人员上的缩减应该优先考虑核心业务中可发展部分的能力建设，例如可以预测未来需求增加的市场、细分市场和产品。剩余资本可以再投资于公司，抓住增长机会。

转型的财务模式可用于为单个举措制定绩效目标，以及整合在执行期间被追踪和监控的绩效目标。例如，乌克兰商业银行

💡 展示形式

举措	2020/21		2021/22		2022/23		合计
	资本	支出	资本	支出	资本	支出	
1 举措1	[x]	[x]	[x]	[x]	[x]	[x]	[x]
2 举措2	[x]	[x]	[x]	[x]	[x]	[x]	[x]
3 举措3	[x]	[x]	[x]	[x]	[x]	[x]	[x]
4 举措4	[x]	[x]	[x]	[x]	[x]	[x]	[x]
5 举措5	[x]	[x]	[x]	[x]	[x]	[x]	[x]
合计	[x]	[x]	[x]	[x]	[x]	[x]	[x]

图3.18 按举措划分的增量资金需求

（PrivatBank）（如图3.6所示）建立了一个管理仪表盘^①，用于直接将转型计划与KPI连接起来，以供董事会监督（见图3.19）。这三年的运营指标和目标与单个举措相关联，并汇总形成公司层面的目标。如果乌克兰商业银行（PrivatBank）要实现它的预期愿景，这些目标就必须要实现。

通常，有两类方法用于追踪举措的完成情况：（1）基于具体工作；（2）基于结果。建立仪表盘可以让管理层注意到单个举措的成功，以及直接将财务计划与公司3~5年的发展前景联系起来的关键指标（3~5个）。参考高管团队的目标，这些目标指标可能与净利润、成本或收入、权益收益甚至市场份额有关。这些通常被认为是简单但却令人深刻的目标，例如，收入翻倍、从前10名升至第1名，或将息税前利润率提高50%。这些财务指标可当作标志和关键节点，来衡量公司在转型期实现目标的进展情况。根据首席执行官和董事会对股东沟通的方式，一些公司会定期向股东报告转型结果。

制定举措和公司层面的目标给高管团队提供了为团队和个人设定明确目标的机会，可以根据这些目标设定和衡量KPI。通常情况下，管理仪表盘会自上而下覆盖从首席执行官到以下至少三个级别的员工。近年来，目标和关键结果（OKRs）已成为一种为设定和完成目标越来越流行的管理工具。OKRs背后的原则是建立一个与单一或多个关键结果相关的目标，该目标可以衡量目标的进展。举措推动关键成果的改善，既支持又直接有助于实现目标。OKR框架可以作为一种机制，在整个公司内贯穿转型目标和措施。OKR方法还可用于确保目标在水平和垂直方向上保持一致，并将结果与激励体系联系起来。这个过程可以在整个组织中重复，以使组织和所有员工都与转换的结果保持一致。

---

① 译者注：管理仪表盘是一种以仪表盘的形式显示运营关键指标，便于高管直接监控关键业务领域和异常情况的企业管理方式。

举措

	举措	
1 零售业务增长	·塑造银行的整体价值定位 ·改进担保贷款业务 ·加强特许经营权的管理	按核心主题设置的KPI
2 激活中小企业	·重塑价值定位 ·改进信贷流程 ·升级销售能力和覆盖率模型	
3 开始构建企业细分市场	·发展价值定位 ·改进信贷流程 ·重建销售能力和覆盖率模型	
4 IT技术保障	·缩小现有解决方案中的差距 ·制定银行的IT战略 ·开发新的IT架构 ·更新运营模式和组织架构	与核心主题一致的关键举措
5 加强风险管理	·更新管理方法和组织 ·引入综合风险管理 ·缩小信贷和其他风险缺口 ·引入风险调整绩效	
6 升级组织结构	·引入缺失的支持职能部门负责人 ·制定最佳实践组织结构 ·将控制范围减少到5~10个下属单位	
7 实施优化计划	·制定目标网络规模和配置 ·运行成本优化计划 ·引入零基预算方法	
要点	根据转型计划，到2018年将使乌克兰商业银行盈利	

图3.19　与监控计划相关的KPI[①]

---

① 资料来源：根据《Strategy of JSCCB "PRIVATBANK" mtil 2022》第32页中的信息，"将运营计划直接与KPI关联，以供董事会监督" https：//en.privatbank.ua/about/strategy。

需要监督的KPI	2017	2018	2019
贷款额，亿美元	[x]	[x]	[x]
净利息收入（占负债的百分比），%	[x]	[x]	[x]
净佣金收入，亿美元	[x]	[x]	[x]
贷款额，亿美元	[x]	[x]	[x]
净利息收入（超过平均负债成本），%	[x]	[x]	[x]
净佣金收入，亿美元	[x]	[x]	[x]
贷款额，亿美元	[x]	[x]	[x]
净利息收入（超过平均负债成本），%	[x]	[x]	[x]
净佣金收入，亿美元	[x]	[x]	[x]
根据转型路线图完成关键节点			
营业成本占平均储贷账面的百分比	[x]	[x]	[x]
资本占平均储贷账面的百分比	[x]	[x]	[x]
不良贷款占贷款的比例（不包括遗产，%）	[x]	[x]	[x]
根据转型路线图完成关键节点			
分支机构的数量，千	[x]	[x]	[x]
全职员工人数，千人	[x]	[x]	[x]
运营支出总额，亿美元	[x]	[x]	[x]
约定信息速率，%	[x]	[x]	[x]
净收入，亿美元	[x]	[x]	[x]
净资产收益率	[x]	[x]	[x]

与财务报表相关的三年目标

每组举措的三大成功指标

为基于活动的举措明确定义关键节点

转型对企业业绩指标的总体影响

○ 主要特征

图3.19　与监控计划相关的KPI（续）

采访：亚当·沃登

设定转型目标

亚当·沃登（Adam Warden）是贝恩公司（Bain&Company）的全球转型高管和前高级合伙人，曾与董事会和首席执行官广泛合作，推动大型综合企业的战略和执行。在他的职业生涯中，亚当曾领导过几次公司转型，并为许多转型提供建议，包括劳斯莱斯（Rolls-Royce）、安塞特航空公司（Ansett Airlines）、威利斯塔楼沃森公司（Willis Towers Watson）、安盛公司（AXA），以及最近的费尔法克斯传媒公司（Fairfax Media）。亚当的职业生涯包括资产负债表重组和收购、战略制定和长期转型的实施，这些转型使公司能够实现更强大的资产负债表，改善经营现金流和利润率，同时显著增加股东价值。

亚当领导的变革中的一个共同主题是强调"为成功做好准备"。亚当认为，高管的承诺和认可至关重要。虽然该战略得到了董事会的认可，但该计划的执行者应该是公司的高管人员，而在首席执行官以下三个级别的突出贡献者通常被选中来执行此项工作。成功的另一个重要因素是建立进度跟踪机制。通过制定顶级记分卡，公司顶级目标和关键绩效指标的整体转型进度将变得透明，以便员工、高管、首席执行官、董事会甚至股东能够跟踪公司是否正在实现其目标。

为什么在改造公司时记分卡是如此强大的工具？

当公司进行企业重组或转型时，通常会有一个记分卡。制定战略是一方面，但也同时需要衡量结果。因此，当公司做出重大改变时，记分卡被用来衡量影响。记分卡在项目组合优先级排序和决策中也发挥着重要作用。决定做什么，衡量结果，确定项目是否在正轨上，这些都需要与数字挂钩。因此，记分卡给项目确定优先顺序提供了条件，以确保完成正确的项目，并启用项目组合管理的动态方法。20世纪90年代的劳斯莱斯（Rolls-Royce）就是一个很好的例子。当他们处在火热的变革期时，投资组合管理通常会重组、改组公司，并将公司的重点重新放在盈利上。记分卡和价值跟踪为您提供了该框架依据。

当企业提交顶级记分卡并需逐层审批时，应该考虑哪些因素？

首席执行官在设定指标之前需要董事会的支持。自上而下的方法为您提供了记分卡的框架，而自下而上的方法为您提供了在战略背景下，始终需要关注的细节和特殊性。开发记分卡的典型框架可以包括愿景、目标、关键成果领域（KRA），然后是运营关键绩效指标

（KPI）。这些要素将联系在一起，从而使关键绩效指标（KPI）层层递进，最终形成一套战略目标。

开发记分卡可能需要数月的艰苦工作，将KPI与战略联系起来，并确保没有重复计算。在重大转型项目中，设立商业案例培训、对项目发起人进行培训，并确保将结果评估融入整个转型团队的文化中是很常见的。

在回顾和交流结果时，要简单明了。安盛（AXA）进行了季度审查，并根据目标衡量了他们的绩效。无论是在市场上与分析师打交道，还是在公司内部进行沟通，一个专门的沟通团队都可以在沟通关键指标方面发挥重要作用。

执行建议

1. 确定愿景

△ 通过确定明确的目标，让组织各级的许多人参与进来，并在个人层面上与他们建立联系，发展组织的愿景。

2. 探索战略选择

△ 探索有助于组织实现愿景的战略选择。考虑一系列降低成本、推动增长和建立组织能力的选择。

3. 确定战略重点

△ 对一系列战略选项进行优先级排序或打分，以确定组织需要关注的三到五个战略选择。

4. 制定举措和路线图

△ 将每个战略选择分解为一组举措，并对举措进行高级别规划，以确定范围、财务影响、关键节点、时间安排和团队。

△ 制定一个高层次的路线图并遵守，该路线图应提供实施组织战略的举措顺序和时间安排的长期综合视图。

5. 概述未来运营模式和组织结构

△ 确定克服障碍或实现组织转型所需的组织运营模式变化。

△ 计划并进行运营模式转变，来保证组织转型成功，并将这些活动整合到转型路线图中。

6. 整合财务影响

△ 将企业经营模式的战略选择、举措和变化的财务影响整合为财务模型，并预测未来对企业财务报表的影响。

△ 将组织转型的财务影响转化为绩效指标，并将其传达到转型的负责人。

延伸阅读

Doerr, J. (2018). Measure What Matters: OKRs: The Simple Idea that Drives 10x Growth. Penguin. Goold, M., and Campbell, A. (2002). 'Do You Have a Well-designed Organization?' Harvard Business Review.

Joyce, W., Nohria, N., and Roberson, B. (2004). What Really Works: The 4+2 Formula for Sustained Business Success. Harper Business.

Koller, T., Goedhart, M.H., Wessels, D., Copeland, T.E., and McKinsey and Company (2005). Valuation: Measuring and Managing the Value of Companies (6th edn). John Wiley & Sons.

Komori, S. (2015). Innovating Out of Crisis: How Fujifilm Survived (and Thrived) as Its Core Business Was Vanishing. Strong Bridge Press.

Lafley, A.G., and Martin, R.L. (2013). Playing to Win: How Strategy Really Works. Harvard Business Review Press.

Maasik, A. (2017). Step by Step Guide to OKRs. Amazon Digital Services.

McKeown, G. (2012). 'If I Read One More Platitude-Filled Mission Statement, I'll Scream.' Harvard Business Review.

Zook, C. (2010). Profit from the Core: Growth Strategy in an Era of Turbulence (updated edn). Harvard Business School Press.

第四章 动　员

一旦确定了前进的方向，高管团队需要将他们的工作从准备计划转向大规模转型实施计划。众所周知，大型、复杂的组织，尤其是那些有着丰富成功历史经验的组织，大多很难改变。并且对于重大转型，动员全公司并让包括最高层在内的每个人都朝着同一个方向努力，将会是一个巨大的挑战。一个可参考的管理统计数据是，70%的组织转型举措都失败了。虽然这一说法没有得到充分的证据支持，但大多数高管都应清楚转型面临的挑战和所需的决心[1]。失败的常见原因包括缺乏管理层支持、员工抵制和资源不足。这些问题甚至会阻止最强劲和最引人注目的转型议程启动，或导致动力丧失，使工作停滞不前。因此，转型成功十分考验高管团队的能力，需要其在公司内部有效推动举措实施。为了克服困难并成功实现重大转型，高管团队需要完全控制转型进程，通过主动与利益相关者建立联系，让公司为转型做好准备，同时建立一个稳定的执行平台，实现规模化成果。这就是本章的重点。

为做好转型前的准备工作，公司应首先识别会受到转型影响的利益相关者，确定其优先级，然后评估转型的障碍，并主动部署有针对性的解决措施。转型管理工作的重点关注对象，应该是对转型成功最重要的群体和个人，通常受转型影响最大，对转型结果也具有高度影响力。一旦明确了利益相关者及其重要性，就必须开始与这些人一

① Hughes，M.（2011）."Do 70 Per Cent of All Organizational Change Initiatives Really Fail？" Journal of Change Management 11：4，451-64.

起做好转型前的准备，并了解组织内阻碍转型的真正原因。只有充分了解这些问题，才能部署解决措施。为公司转型做好准备通常需要三大类行动：（1）沟通计划；（2）消除限制因素并引入促进因素；（3）不断完善议程。当以一致和互补的方式部署这些解决措施时，转型管理最为有效。理想的初始行动是切实可行且易于实施的，并可以交付给利益相关者实实在在的结果。

为了做好协调工作、加快计划实施速度，公司还应投资建设项目管理基础设施，配备治理、支持相关人员和工具。工作的顺利开展通常离不开易决策的治理结构和好的中心团队，该团队专注于转型管理工作，例如转型办公室（Transformation Office，TO）、项目办公室或项目管理办公室（Program Management Office，PMO）。中心团队通常配备全套项目资源，例如项目经理、转型经理、业务分析师和其他专业人员。中心团队的任务可以是有限的（比如监督和支持整个计划），也可以是更广泛的，即由专职人员亲自参与转型计划的实施，并负责确保各个项目在预期的时间和预算内实现（见第一章的"动员一支高管团队"一节）。

最后，转型计划的动员需要任命企业主和计划负责人，以提供实地领导，同时引导员工建立个人计划并督促其实施。高管团队的主人翁意识需要传递给企业主和计划负责人，因为他们对目标的认同和决心对成功至关重要。对于每个计划，企业主和计划负责人都要设计详细的实施计划，故需要在开始时明确各类事项。这些事项包括解决方案概要、责任设定和计划预算。企业主需要验证解决方案的可行性，与中心团队做好协调；计划负责人需要制订详细计划，负责日常执行以实现目标。

为使公司具备实施重大举措和转型的能力，通常要建立相关组织，例如中心团队或者转型办公室。可将其定位为公司运营模式下的永久组织，因为转型过程中会遇到各种问题，这意味着转型不是一次努力就能完全实现的。企业应考虑建立内部调节能力，不断适应和更新以保持竞争力。但从另一方面考虑，转型办公室通常最好作为临时机构，因为根据定义，转型应该有始有终。无论要成立的转型组织是暂时的还是永久的，就作者的经验而言，建立改造机制都是动员阶段必不可少的，是战胜困难和确保转型成功的主要因素。

为成功转型奠定基础

对于几乎任何重大转型，克服利益相关者的担忧和阻力通常是取得成功的必要步骤。威尔弗瑞德·克鲁格（Wilfried Krüger）普及了转型管理冰山的概念，强调转型管理者不应只关注转型冰山的顶层，即成本、质量和时间，更重要的是关注冰山水下的部分。该概念指出，转型最大的障碍是利益相关者的心态和行为，其通常不容易被观察到，并且隐藏在可见问题的表面之下。大多数人将转型视为一个长期过程，每个人在心态上处于不同阶段，对转型的接受程度也可能有所差异。

因此，成功的转型管理依赖于了解利益相关者的个人需求，并设计一套量身定制的管理措施。负责公司转型的高管应该问自己："从CEO 到一线的每个人都了解并相信转型的理由吗？""我们当前的操作系统需要解决哪些障碍，满足哪些因素才能实现转型成功？"和"我个人应采取哪些行动来推动转型？"在这种情况下，转型管理的目的是在利益相关者之间建立理解，然后扫清个人和组织障碍，最终促进利益相关者对转型态度转变，即从消极反对转变为积极支持。

现行的转型管理框架和理论有很多，众所周知的包括库布勒-罗斯（Kubler-Ross）的"变化曲线"，普罗西（Prosci）的®ADKAR®（意识、欲望、知识、能力和强化）模型、加速实施方法论（AIM）、通用电气的转型加速过程（CAP）、IBM的转型钻石、影响模型和科特（Kotter）的八阶段过程。其中许多框架通常用于描述转型状态或提供教科书式方法来设计和实施干预措施，从而建立支持并克服阻力。如何设计和实施有效措施是这些理论的核心。经验丰富的高管知道，成功领导组织转型和克服阻力说来容易做来难，每个高管在为公司转型做准备时都会面临各种挑战。赢得利益相关者的心没有灵丹妙药，通用方法很少能有效解决问题。因此，为大规模转型做准备，需要了解组织环境和利益相关者的需求，以确保有效地调整转型管理工作。

促进转型应该从确定关键利益相关者开始。这些关键角色可能是内部的（例如员工、经理、高管和董事会）或外部的（例如客户、供应商和股东）。某些个人和团体对于转型的成功比其他人更有影响力和重要性；其可能是关键意见领袖、有影响力者或公司关键人物，他们应该被确定为核心。在进行人员方面管理时，要着重了解利益相关者的情感态度变化，其通常在形式上表现为浴缸曲线或J曲线，即可以概括为从否认、抵抗、探索到认同的过程。有效管理转型的目的是最大限度地减少过渡所需时间，减轻过程中断影响。

制定转型管理方法前，应摸清每个利益相关者对转型的支持程度及特定需求。评估利益相关者上述情况，可能需要领导者对相关人员提出问题并认真听取回应，形式包括正式访谈、焦点小组和员工调查。建议采用特定形式的评估来识别和判断实施障碍，以及在哪里集中努力克服这些障碍，尤其是对于涉及许多利益相关者的大型项目。在选择正确的解决措施时，传统观点认为有效的转型管理需要开展一系列行动，包括沟通计划、消除制约因素和引入促成因素，并且不断优化行动。这三个类型的措施大致符合转型曲线的各个阶段，并与常见的转型框架（包括 ADKAR®、转型钻石模型）保持一致。在调整这三个类型的措施时，建议转型管理工作向评估中确定的关键障碍倾斜。解决过程的早期重点可能是沟通，但随着转型的发展，重点可能会转向打破阻力和推动转型进度。尽管如此，转型应完整使用三个类型的措施。现在本书将更详细地探讨每一类措施及其实际应用。

1. 沟通计划，激励员工

积极主动地与利益相关者沟通，有助于其对公司转型议程产生积极看法。通过有效的沟通，一个引人入胜的转型故事就可以让利益相关者产生强烈支持意愿。这通常需要高管团队亲自与员工沟通转型的愿望和主题，以弥合高管层和一线员工之间的理解差距。通过这种方式，高管团队宣布他们对公司未来的愿景，并提出明确的前进方向。沟通的内容不一定求全，但应该与公司的整体转型议程保持一致。沟通的具体目标是：

- 提出明确的前进方向，并呼吁大家对公司的未来充满信心。
- 使利益相关者的目标与转型目标保持一致。
- 多站在利益相关者的角度思考问题，从而预测和管理利益相关者的反对意见。
- 从公司的各个部门获得大量支持。

许多大公司安排内部沟通团队、公司事务团队或投资者关系团队负责规划和管理沟通。转型办公室中的专职沟通人员应与这些团队密切合作，因为他们通常非常了解公司的风格以及与利益相关者沟通的渠道。建议在规划转型期间制订和维护综合沟通计划，以便思考需要向哪些利益相关者、由谁、如何以及何时沟通哪些内容。制订沟通计划可以很简单，但至少要包括主要信息、沟通渠道和关键任务的完成时间。沟通规划、内容制定和实际开展的推荐方法概括如下：

（1）利益相关者分析。确定利益相关者并分析其需求。利益相关者可能包括投资者、董事会成员、执行委员会成员、员工和承包商。利益相关者分析应确定每个利益相关者需要什么、当前的支持水平以及他们在转型计划中的需求。利益相关者可以进一步细分为具体的个人或群体。

（2）沟通策略。确定针对每个利益相关者的沟通方法，以推动后续计划、日程和内容的制定。对于董事会或高管而言，正确的做法可能是先一对一开会，后进行小组演示。而对于规模较大的小组，可能更依赖于企业层面沟通和员工大会。制定沟通策略时要考虑的因素包括：

a 定位。综合考虑优势、劣势、机会和威胁，应如何定位转型？

是追求机会（积极情绪）还是解决不足（消极情绪）？

b 内容。沟通中要传达哪些内容？例如，愿景、策略和计划，还是常规业务沟通？沟通中会提供多少细节，保密程度如何？哪些方面将公开，哪些方面将保留在公司内部？

c 风格和基调。沟通反映的是公司领导或转型关键赞助商的个人想法，还是一种企业视角？基调上是充满活力，还是一如既往的低调常规？

d 分配。沟通的渠道有哪些？沟通是连续性的还是周期性的？是中心团队统一组织开展，还是各级团队自主开展？

（3）故事叙述。转型计划的叙述应该针对不同的受众和目标，在不同的细节层次上展开，同时保持一致性。叙述的一种方法是建立一个"信息金字塔"，利用框架达到叙述的清晰性。金字塔的不同层次提供了越来越多的细节，但每一层次的核心内容都是一致的：

a 第一层——战略叙事。制定标题和电梯宣传，保证可以在30秒内进行沟通并广泛分享。这是一手信息。

b 第二层——支持主题。确定与所有利益相关者和受众有关的主题或支持性细节（如"为什么""谁""什么"和"如何"）。

c 第三层——为利益相关者量身定制信息。确定与利益相关者有关的特定主题，定制细节以满足团体和个人的需求。

（4）时间表和计划。因为信息需要以不同的方式多次沟通，故先按利益相关者和沟通渠道（新的或现有的、正式的或非正式的）进行规划，制定相关时间表。实施时，一般逐层开展沟通，先从了解整个计划的中心团队和前两个层级领导开始，然后是前50~100位、200~300位员工，以此类推。沟通的常见方式包括：

a 路演/员工大会/信息发布会。就转型议程进行巡回演讲，并在公司内部进行持续更新，允许提问和双方沟通，以提高参与度。

b 行动研讨会或领导力活动。举办研讨会或活动，在其中参与者能够为转型议程做出贡献，或亲身体验问题和机遇，以增强实践感。

c 内部沟通。通过与员工的定期沟通或公司内网的专用区域传达转型议程。

（5）制定沟通内容。根据时间表和要传达的关键信息制定内容。信息应在定位、内容、风格和基调方面与沟通策略保持一致，内容应与整体转型故事保持一致。

（6）开展沟通。根据综合沟通计划开始执行。沟通者需要员工的高度信任。当公司领导发起沟通时，量身定制的信息将使内容更真实、更有说服力和鼓舞人心——例如，领导应该以自己的方式进行沟通并适时改变角色。

（7）结合反馈调整计划。一旦开展沟通，应引入反馈收集机制，以获取反馈并将其纳入综合沟通计划。例如，员工调查有助于促进理解和提升沟通效率，从而相应调整后续沟通。

2. 消除障碍，创造激励

仅靠利益相关者对转型的支持和决心是不够的，为了让转型取得成功，需要让那些日常活动可能因转型而发生根本性变化的员工也采取行动。然而，许多成熟企业的运营模式已经固化，即使员工想要改变，企业也很难做到。

在难以改变的大型组织中，结构、目标、系统、流程、政策和奖励等通常都以维持现状为导向。如果组织的这些方面都是僵化的，那么各级员工总是会被推回旧的方式。他们可能需要获得新的知识，培养新的能力。这意味着公司需要提供额外的培训或新的体验，以帮助员工以新的方式思考和行动，从而实施转型计划。

转型工作需要针对阻力来源提供激励措施，同时解决组织障碍和员工能力差距。转型工作可能是跨领域的，也可能是单领域的。在这两种情况下，都应该考虑往后一系列措施的制定和预期效果。消除障碍和激励转型的典型措施包括：

● 组织结构。以不同的方式对组织的各个部分进行分组或联合，以打破孤岛并团结员工，从而促进目标一致。

- 资源分配。重新分配公司内部运营经费，以在转型重要领域提高能力。

- 管理会议。增加、删除或更改关键管理会议的重点要素，包括会议频率、议程和受邀者，以确定组织的优先事项。

- 目标和绩效管理。为转型设定可量化的目标，并将其传达到组织的各个层面，让员工负责实现这些目标。

- IT系统。配置IT系统、引入新系统或停用旧系统以支持工作流程变更。

- 业务流程。调整现有业务流程，包括执行哪些活动、由谁执行和如何执行。

- 政策和程序。终止阻碍或抑制转型的政策，或者引入新的政策来促进或激励转型。

- 奖励和惩罚。认可并奖励支持转型议程的员工，并明确不支持行为的惩罚（例如，薪酬和激励制度的变化）。

- 招聘和人员配备。雇佣合适的人担任关键职位，留住对转型任务有利的人，必要时更换不合适的人。

- 培训和发展。做好员工培训，使他们熟悉转型的基本概念，做好接受新任务、新流程和新工作方式的准备。

3. 不断促进并强化转型

近年来，"转型领导力""领导者情商（EQ）"和"中心领导"等概念在高管中广受欢迎，他们比前任更有可能在职业生涯中领导重大的组织变革。这些概念的共同点是，领导转型不是一件容易委派的事情，转型始于自我。如果想让利益相关者做好转型准备，公司先要足够重视个人领导力和言行一致性。当高管团队和有影响力的人以身作则时，利益相关者和员工才更有可能接受转型。

公司领导、有影响力者、意见领袖和关键利益相关者（例如，资深行业人士、主要客户或工会代表）可以给予很大的帮助。他们可以表现出明显的支持，例如亲自实施转型、授权他人采取行动和开展日常互动等，这些都可以在推进转型议程方面发挥作用。在领导重大转型方面，有经验的高管会认识到，让员工全身心投入转型事业需要时间和积极作为，高管的个人决心将鼓舞人心，建立信任，能起到事半功倍的效果。为了推进转型议程，个人决心可以通过以下几种方式表现出来：

- 表现出明显的支持。通过表达支持和参加关键活动来支持转型议程，并通过路演、员工大会和研讨会等方式分享最新进展。

- 亲自实施转型。行动胜于雄辩。个人对转型的决心可以通过牵头开展代表性活动体现。例如，在以客户为中心的转型中，高管们可能每月花一天时间在一线岗位上；在以成本为中心的转型中，高管们将明显减少开支。

- 授权他人采取行动。赋予部分员工成功所需的权力和资源。例如，将团队高级成员树立为转型倡导者，并将转型责任委托给生产线或运营部门。

- 推进议程。领导者需要通过他们的言行来推进转型，尤其是在日常互动中。例如庆祝成功的转型并公开宣布结果，但惩罚抵制或破坏行为。

采访：蒂姆·麦克莱门特海军中将

动员组织转型

21世纪初，英国皇家海军（Royal Navy，RN）面临着精简组织、高效运营的持续压力。虽然皇家海军舰队的规模早已缩小，但其总部已10多年未发生改变，运营规模更是超出所需产量。面对降低成本的任务，皇家海军董事会制定了一项重大改革议程，以重组总部并精简运营。

海军中将蒂姆·麦克莱门特（Tim McClement）担任舰队副总司

令（2004年—2006年），负责监督皇家海军多年的重组工作，同时继续负责其日常运营①。在他的指挥下，皇家海军进行了彻底的转型，以整合和简化总部运营。该项目在21个月内实现了目标（原计划48个月实现），其中包括裁员25%（400人）和每年节省成本1600万英镑，所有行动都未对舰队产出造成任何影响。

该计划成功的一个关键因素是，海军中将麦克莱门特从一开始就为关键职位选择了合适的人选，并让各级员工参与其中。一星级军官（比麦克莱门特低两级）被授权负责设计转型计划，包括总部运营结构，他们实际负责运营转型后的新组织。此外成立了一个"红队"，向负责项目日常运行的二星级官员报告，以发现漏洞、故障和缺失的部分，从而确保计划实施的稳健和达标。让生产线管理人员参与设计新组织，并且主动识别问题和改进计划，这些做法从一开始就确保转型获得支持。

为什么在领导组织转型时，前期基础工作很重要？

在我们迈向建立新总部的过程中，让人们了解我们在做什么、为什么做以及如何做是绝对重要的。项目开始时，我请总部的两个高级管理团队聚到一起，并解释了需要做什么。他们习惯接受命令，所以这次会议的目的更多的是确定如何做……我们决定，一星级官员负责设计新的组织，因为他们是组织未来的管理者；一名能力颇佳的二星级官员来负责日常管理转型计划并指导团队。

您如何使转型获得广泛的支持？

重要的是，在转型计划开展过程中对您的员工保持诚实，让他们知道在项目期间发生的种种变化。在计划期间，皇家海军董事会每月都会收到情况报告，并定期为员工提供。此外，我们与客户和供应商一直保持联系，时常倾听他们的想法，从而获得了广泛认可。为了从优秀的年轻官员那里收集新想法，我们建立了一个"30岁+俱乐部"，

---

① 这包括直接负责21亿英镑年度预算、170亿英镑资产和30000名员工。

由在皇家海军工作了大约10年的最优秀和最聪明的人组成。我们每周花三天时间与他们交谈和倾听。

扩大和加速重大组织转型的关键要素是什么？

一个项目需要建立在坚实的基础上。这意味着行动最好慢一点，但要从一开始就做好。组建团队需要诚实的人，尤其是高层，需要有勇气去做正确的事。此外，当你授权时，要记得无论是谁在执行转型计划，都需要拥有真正的权利。以上是最重要的事。

建立治理结构

建立有效的治理结构是持续管理和实施转型的核心。实际上，治理结构需要充分结合现有业务和转型计划。当正确的治理结构到位时，公司各级都能以透明、系统和协调的方式管理决策、风险和问题。设计转型的结构，应先确定参与转型管理和实施的利益相关者群体，并明确这些群体应如何合作。这包括确定每个小组的角色和职责，确定成员组成，以及设计用于管理和监督转型实践的交互机制。虽然小组的职能设置、合作方式和命名需要根据公司和环境进行调整，但可以先采用大多数公司的基本选择：

• 转型指导委员会。该跨职能委员会由负责监督转型实施、资源分配、路线设计和目标制定的高管团队组成。转型指导委员会设定方向，做出关键决策，并解决跨职能问题，这些是项目团队或转型办公室都无法解决的。

• 核心团队（例如转型办公室）。该团队代表转型指导委员会推动转型，负责管理转型计划的实施周期，协调实施和变更，解决实施过程中的问题（如下一节所述）。

• 执行发起人。该公司执行发起人对计划的成功负责，并对各阶段目标的实现负总体责任。

• 企业主。企业主是转型办公室或核心团队推动转型计划时的主要联系人。他们与执行发起人协调、验证转型计划并在计划设计和实施期间提供帮助。

● 项目领导。这些团队负责人监督转型计划的设计和执行。他们对计划范围、阶段性目标和实施成果提出建议，并管理团队和计划的日常活动。

● 项目团队。每个团队都有责任完成各自的任务，这些任务共同推动计划的实施。团队成员应该协同工作并有效沟通，高效执行计划。

● 转型代言人。转型代言人通常是精心挑选的一线用户或利益相关者，他们与项目团队密切合作，充当早期体验者，并提供专业知识及支持其他一线用户接受转型。

成立转型办公室

成立的目的是代表转型指导委员、中心团队或转型办公室推动转型计划和举措，在成功实施转型过程中发挥重要作用。该团队可以被指定为企业项目管理办公室（Enterprise Program Management Office，EPMO）、项目管理办公室（Program Management Office，PMO）、项目办公室、转型办公室、战略计划办公室（Strategic Initiatives Office，SIO）或协调和实施单位。虽然这些名字暗示其在工作范围、重点和责任方面存在一些差异，但它们的核心都服务于相似的目的。中心团队拥有能力、技术和工具，在项目生命周期中跟踪和管理计划，并确保全计划的一致实施。它还可以在协调利益相关者方面发挥重要作用，以显著加快实施的速度。此外，可以扩大中心团队的作用，以提供有针对性的支持，或亲自负责整个项目实施。

转型办公室的任务通常以转型路线图和目标为基础，其成功取决于实施成果。然而，定义转型办公室参与的深度很重要，这可以从提供轻度监督，到协调和便利，再到实际负责实施。后一种选择可以提高实施效率，但需要更多资源，且减少了项目承包人的责任。因此，制定转型办公室责任的关键问题是"除了支持和监督之外，还有多少责任？"以及"在什么情况下，实施责任从项目承包人转移到了转型办公室？"例如，它可能负责整个转型项目、每个主要主题和30多项举措，但职责是否延伸到管理数千个关键节点和潜在的10000多项任务，是一个关键的设计选择。转型办公室的主要职责可分为三大领域：

1. 管理项目全生命周期并定期报告。通过模板、工具和标准，确定项目生命周期（例如，概念、启动、规划、执行和收尾），鼓励系统、协调和可重复地实施项目。随后定期报告，以提供进度、风险，并突出管理层关注的问题。

2. 协调和促进项目实施和转型。如果项目实施需要职能部门之间的高度互动，或者可以通过对变更管理或沟通等活动的集中管理获益，则转型办公室可以仅负责协调，从而促进活动，使每个人都能按计划实现其目标。

3. 解决问题和突破瓶颈。为了及早发现和解决问题，同时具备解决特别是跨多个职能问题的能力，转型办公室可以配备项目实施专家。这些专家亲自上手支持项目实施，并跨职能范围开展工作。他们还可以参与编制月度或季度报告，并与企业主和项目领导合作，确保举措和目标一致。

项目管理是成熟的学科，有着广泛的应用、完善的框架和实践。建立和实施项目的方法有效地构成了项目管理知识体系（Project Management Body of Knowledge，PMBOK）、PRINCE2和敏捷实施方法（例如，Scrum和SAFe）的一部分。行业领军组织还培训并支持公司及其成员进行项目实施。例如，项目管理协会（Project Management Institute，PMI）提供了重要资源，如参考资料、工具和模板，可供公司的转型办公室使用。因此，本章的目的不是分析转型办公室实施项目的深度和详细程度，这些内容可在稳健的项目管理方法中获得，而是强调领导者和高管在建立稳定的执行平台时的关键考虑因素。无论首选方法是什么，转型办公室都应需要建立和实施八个关键流程，以支持转型项目的集中实施。下面将更详细地描述这些流程：

● 项目/计划启动。撰写和审查可用于促进制定、跟踪和实施计划的标准文件（例如，计划章程、计划预算、资源配置和实施方案）。然后将其纳入转型路线图和总体计划。

● 相互依赖管理。确定计划之间的交叉点（例如，知识、成果或资源的相互依赖性）。有必要了解潜在的交叉点，这样可以最大限度地减少重复工作，包括返工和解决冲突造成的延误，并且促进知识交互。相互关联的关系可以在关联关系矩阵或时间表中获得。

● 风险和问题管理。持续运行一个管理风险的流程，包括持续识别、评估、缓解、监控和控制环节。在转型计划期间，可以建立并维护一个共享的集中式风险登记簿。

● 项目变更控制。需要一个制度化的流程用于提交、评估和批准计划变更，以便更好地对计划进行控制和管理。重大变更请求应由转型指导委员会审查和批准。

● 进度报告。建立工具、流程和论坛，以系统地监控计划实施，并使用KPI和指标跟踪绩效。

● 集中沟通。制订、维护和执行综合沟通计划（见"沟通计划，激励员工"一节），使利益相关者了解情况并从中协调。

● 财务管理。为控制项目成本并确保在商定的预算内交付，转型办公室可以集中管理计划资源，跟踪预算支出，并管理对供应商和承包商的付款。

● 项目支持。成立专家小组（例如，SWAT团队），积极支持项目实施团队解决问题和突破瓶颈。该小组可为需要的领域提供额外帮助。

转型办公室的人员配置和角色定位应与相关任务和职责相匹配。转型办公室的角色通常会发生变化。首先，他们为设计详细的项目方案提供规划支持；其次，作用扩大到协调和促进；最后，由项目执行专家提供额外的支持，以帮助解决问题和突破瓶颈。在动员阶段，转型办公室应配备项目负责人，如项目主管，并作为转型总体治理结构的一部分。其他工作人员可以根据需要增加，也可以随着项目的进展而增加，他们对进展至关重要。

转型办公室中的角色通常由能够加强内部能力的专家，以及了解公司并明白如何完成工作的内部员工组成。在选拔转型办公室成员时，应确保从外部挑选的个人经验丰富且资质良好，从内部挑选的个人则在公司表现最佳，能够以一顶多。根据项目的规模和复杂性，转型办公室中的实际角色会有所不同。许多大型转型项目可能有多个项目主管，每个人都需要管理和实施自己负责的相关转型计划。其他员工可能包括项目经理和项目协调员、转型经理和业务分析师，或其他具有专业或技术角色的人员。项目中的角色包括：

● 项目主管——制订项目计划和执行策略，管理项目实施，监督项目经理，以确保公司实现转型的总体目标。

● 项目经理/项目协调员——负责一项或多项计划，需规划和执行工作步骤、监督关键节点、招聘和动员团队等，以确保计划在预算内按时交付并满足质量预期。

● 项目专家——提供解决问题的专业知识，帮助企业主或项目负责人解决问题和突破瓶颈；领导绩效评估，支持编制月度报告。

● 分析师——协助准备计划的业绩要求，撰写业绩报告，对业绩进行预测，跟踪转型计划。分析师可能还负责为项目经理跟踪和管理财务和业绩，并为项目主管整合这些信息。

● 转型经理——与计划所有者、计划领导者及其利益相关者合作，为组织转型做好准备。职责包括促进共识、支持推出计划和推动采用。

执行建议

1. 为成功转型奠定基础

△ 定期沟通计划，激励利益相关者。这包括：

（1）确定受变化影响的利益相关者群体。

（2）分析利益相关者需求。

（3）确定沟通策略、内容、时机和渠道。

（4）与利益相关者多沟通。

（5）获取反馈并融会贯通。

△ 通过有选择地确定和实施管理干预措施，在对组织影响最大的领域消除障碍，创造激励。

△ 通过个人领导行为和授权他人采取行动，不断促进和强化转型。

2. 建立治理结构

△ 设计治理结构，以管理、监督转型计划和路线图的实施。

△ 选择和任命转型治理结构中的角色，沟通角色和责任，设置互动程序。

3. 成立转型办公室

△ 确定转型办公室的任务和参与项目的范围、深度。

△ 选择并任命转型办公室关键角色，以集中协调实施（例如项目总监、项目经理、项目专家、分析师和转型经理）。

延伸阅读

Anderson, D., and Anderson, L.A. (2010). *The Change Leader's Roadmap: How to Navigate Your Organisation's Transformation* (2nd edn). Pfeiffer.

Kouzes, J.M., and Posner, B.Z. (2012). *The Leadership Challenge: How to Make Extraordinary Things Happen in Organizations* (5th edn). Jossey-Bass.

Agile Manifesto (2001). 'Principles behind the Agile Manifesto.' [online].

Murray, A., Bennett, N., and Bentley, C. (2009). *Managing Successful Projects with PRINCE2* (2009 edn manual). TSO.

Project Management Institute (2004). *A Guide to the Project Management Body of Knowledge* (*PMBOK guide*). Project Management Institute.

Shaffer, R.H., and Thomson, H.A. (1998). *Successful Change Begins with Results. Harvard Business Review on Change.* Harvard Business School Press.

Hughes, M. (2011). 'Do 70 Per Cent of All Organizational Change Initiatives Really Fail?' *Journal of Change Management* 11: 4, 451–64, DOI: 10.1080/14697017.2011.630506.

Keller, S., and Price, C. (2011). *Beyond Performance: How Great Organizations Build Ultimate Competitive Advantage.* John Wiley & Sons.

Barsh, J., and Lavoie, J. (2014). *Centered Leadership: Leading with Purpose, Clarity, and Impact.* Crown Business.

第五章　执行和跟踪

　　为全面实现公司转型目标，公司高管团队需要保证计划落地并持续关注实施效果，将实施转型作为一系列举措或具有专用资源的集成计划，从而提升转型效率。然而，多项计划并行，尤其是在范围和规模较大、相互依赖程度较高的情况下，对于任何高管团队来说都是一个巨大的挑战。开拓新市场、开发新产品、推行新技术和推动文化变革等重大举措都是复杂的，需要大量投资和数年时间才能完成。当风险程度很高时，公司领导人应采取系统性和控制性措施，并配备适当的治理和跟踪机制，从而预测实施结果并解决绩效不佳的问题。本章主要概述了如何贯彻实施转型计划，专为多年负责管理和执行计划的高管团队和经理人员而设计，以便他们实施重大转型措施，实现成功转型。

　　为了大规模执行转型计划，一旦调动整个组织，公司各层面参与该计划的人员，都能够为成功转型发挥积极作用。企业主、计划负责人和项目经理为实施强有力的领导，需要开发计划解决方案并确保其可执行性，为团队配备合适的人员，主动管理执行过程、问题和风险。为了制订完善的计划，项目经理和计划负责人在细分任务、制订时间表和计划预算方面发挥着关键作用。这本该是下一步的必要步骤，但在团队从制订目标到实施计划的过程中，制订时间表和计划预算的重要性常常被忽视。为有效管理计划而制订的时间表应包括细化时间节点及任务列表，明确项目的开始和结束日期以及各时间节点任务负责人，以便进行日常管理。领导者需要确保合理的资源配置，从而保障计划实施，便于开展领导、跟踪计划执行和完成转型。

当监督一系列计划的实施情况时，通常使用门径管理流程来验证计划实施效果，因为它们经历了计划的整个生命周期。在理想情况下，转型办公室应审查计划，通过审查和签批，可以有效减少任何看似不切实际或与转型目标不一致的活动或计划。计划预算和时间表有时也由转型办公室集中控制，或合并到整个计划的主时间表中。这将保证整体计划的一致性，并且可随时追踪计划整体实施进度。阶段性流程的另一优势是，如果在主要负责人、转型办公室、企业主和财务人员签署计划前进行审查，不仅可以在事前识别出计划实施偏差和潜在的执行偏差，而且可以锁定利益相关者对项目实施的承诺。

随着计划实施的进一步推进，要管理计划各阶段和整体的执行情况，需要有效的实施周期和贯穿整个计划生命周期的规定。为了推进计划，项目的指导、协调和落实需要在一个良性循环中共同运作。管理计划执行的有效方法包括建立定期会议制度，团队和领导定期开会讨论进度，监督执行结果并主动解决问题。会议内容包括进度报告和计划推进过程中产生的问题和解决方案，然后应在整个工作链条上进行沟通。小规模测试和试点对于管理执行过程中的风险和不确定性很重要，尤其是在利益相关者准备不充分且收益未经检验的情况下。主要负责人的支持和监督将促进他们在项目推出之前做好准备。通过这种方式，主要措施将逐步落实，并在此过程中证明其实施成效，从而增强计划实现的信心和降低计划落实不到位的风险。

为了实现转型的总体目标，转型计划中的所有措施都需要按预算、按时保质保量地落实。此外，无论是单个计划还是整体计划，都需要根据目标跟踪其财务和运营收益。根据项目层面的转型进展情况，可能需要随时调整整体规划。随着战略的完善、计划的更改和预测的更新，在落实期间不断调整整体计划的情况并不少见。即便经过仔细规划，也并非所有优秀计划中的措施都能实现前期目标，因此随时调整计划是不可避免的。最终，随着每一项措施的完成，调整将会结束，直到最后计划全部落实，实现转型计划的目标。

制订计划并设计详细的解决方案

一旦转型办公室设立后，项目主管和项目经理可以直接与计划负责人和企业主合作，为每个计划设计详细的解决方案。首先要落实的实际要求包括建立后勤保障、搭建沟通渠道、选择和加入团队、完善计划章程和制订时间表。虽然落实基于项目的转型计划通常是最合适的途径，但并不是所有的转型计划都需要作为项目来建立和执行。推荐的方法可能取决于该计划是一次性的、短期的活动，或该计划将提供持续性处理重复性任务的能力，从而成为公司的成本、服务或利润中心。对于如何动员团队制订计划，存在以下不同观点：

● 基于项目的计划。计划要有明确的目标，并分解成时间节点和子任务。它有明确的起始点和终点，同时需要临时资源。

● 基于可连续调整方法的计划。如果计划有明确的方向，且下一步是确定的，但总体计划不明确，那么在起始时就采用基于可连续调整的方法可以持续应对更多变化。

● 基于运营团队（或职能）的计划。该计划包括促使团队培养一种能承担持续性任务的能力，有助于公司的可持续发展。

无论采用以上哪种方法（基于项目、可连续调整或运营团队）来制订计划，设计详细解决方案的过程大体都是相同的。为了审查和讨论目标（例如启动会议），应与项目领导、项目经理和团队成员建立早期联系。团队可以将初始计划章程作为设计详细解决方案的参考或起点，因为它概述了提议的范围或目标、衡量指标和目标、时间节点、活动和团队（参见第三章中"制定举措和路线图"一节）。设计解决方案可以采用项目启动文档、业务案例或操作计划的形式，这取决于方案的整体内容。它应该包括实施方案的确定性和可能影响实施的任何关键决策、风险或问题。设计解决方案的过程允许重新评估，但需获得财务和相关业务条线人员的批准，以及完成其他相关业务部门和团队的目标（例如IT部门更新）。虽然设计解决方案工作量很大，但是项目团队在这个过程中能够整合所有有效信息，有助于项目顺利开展。设计详细解决方案所涉及的相关步骤包括：

- 为开发解决方案创建工作计划。
- 掌握现状（例如财务、运营指标、人员、流程和系统）。
- 研究实施方案。
- 规划蓝图。
- 为计划制订详细的预算或财务计划。
- 确定如何跟踪实施成效，并将过程落实到位。
- 确定利益关系。
- 评估IT系统的调整，以及对员工或职位的影响。
- 确定对部门或公司预算的影响。
- 确定完成计划所需的最高目标和相关活动。
- 修订为一页章程（参见第三章中"制定举措和路线图"一节），反映团队设计的详细解决方案。

制订实施计划并划分责任

计划时间表是用于执行计划和在执行期间跟踪进度的主要工具。常用的方法包括甘特图法、关键路径法、项目评估和评审技术（PERT），以及敏捷模式和混合模式，尽管在使用最后两种方法时，执行计划是非常不同的。执行计划可以分为自发性执行和按照公司及行业要求执行，自发性执行一般是项目经理和团队的首选工作方式。例如，工程、采购和建筑部门经常使用标准化甘特图来执行大型资本项目。这些进度表明确定义了人员和职责，有时使用不同级别的进度表来管理客户、主要承包商和分包商。另外，许多科技型公司更喜欢使用敏捷型方法，在这种方法中，小型、扁平的团队利用固定的资源或时间框架进行操作，但在执行过程中，每一项工作都是灵活的，并且会根据用户需求重新调整优先级。

我们可以使用许多不同的工具、项目和组合管理（Project and Portfolio Management，PPM）解决方案来制订和管理计划。许多项目和组合管理（PPM）解决方案是多个用户分散管理项目的核心工作中心，这尤其适用于具有多个项目管理级别的大型项目组合。日程安排工具对于培养协作能力尤为重要，因为实时日程安排可以在无须手动跟踪和更新的情况下进行维护。除了日程安排，大多数项目和组合管理（PPM）工具还具备更多特殊作用，例如跟踪操作、问题和风险的能力。可选择的范围很广，使用移动白板或墙壁可以让团队参与计划日程和可视化管理任务，这对于小型团队来说是一个非常有效的解决方案。在可用的数字化方案中，常见的解决方案包括以下几种：

● 桌面软件选项。可以使用Microsoft Office或谷歌Office工具来开发和共享时间表，这些工具很常见且方便使用。谷歌的Office套组也允许多用户同时编辑。

● 专用项目管理工具。提供基本日程管理功能的简单在线协作工具包括Tom's Planner、TeamGantt、Smartsheets、LiquidPlanner和Monday.com。

● 企业解决方案。专业项目和组合管理（PPM）解决方案供应商包括Primavera、CA Clarity、Planview®、Planview LeanKit®、HP®PPM、Changepoint®和Microsoft®项目服务器。这些通常需要配置和终端用户培训，但适用于更大型的项目和更为复杂的程序需求。

在制定进度表时，每个解决方案都必须划分成更小的任务或任务组，以便于确定适当的顺序（包括关联关系）管理这些活动或任务，估计完成每项任务所需的工作水平或时间。一旦制订了计划草案，建议项目经理通过团队演练来验证计划、互相交流、创建任务和确定完成时限，分配工作和划分责任。为了有效协调和跟踪计划执行，一旦确定时间表应该包含的所有必要元素：明确的目标或任务、开始日期、结束日期和明确的责任人，就可以规划关键路径，从而预测关键目标的完成日期以及完成计划所需的总时长或工作，同时可用于衡量执行进度。

时间表通常会被分解成不同层次的细项，以满足不同的受众和目标。一般情况下，三层次日程安排能够提供适当细节，以满足所有受众，提升计划有效性。根据所选的项目执行方法，存在不同的命名惯例和过程来管理进度计划的组成部分（见图5.1）。例如，敏捷型团队的工作计划被转换为"发布"和"冲刺"，其中进一步的细节采取"用户描述"的形式，由团队成员在执行过程中计划和预测。无论团队采用的是传统项目管理方法还是敏捷型方法，都应该尽可能细化解决方案，这样就可以将任务分配到人，便于监控执行进度。实施结果应采用简单的任务列表、甘特图或看板的形式（见图5.2、图5.3）。

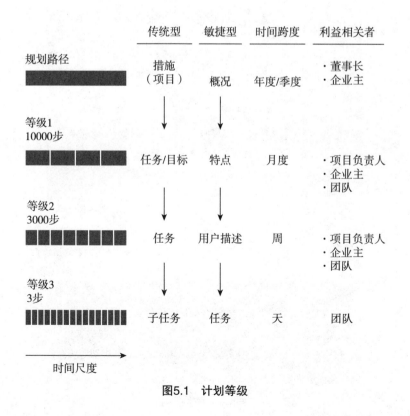

图5.1　计划等级

任务/目标	责任人	计划开始日期（年月日）	计划终止日期（年月日）	长度
1.0实施				
1.1设立试点	M. Kidd	…	…	…
1.2 IT整合	K. Tucker	…	…	…
1.3配置包	K. Tucker	…	…	…
2.0训练				
2.1团队制定内容	A. Espinosa	…	…	…
2.2培训教员	A. Espinosa	…	…	…
2.3用户终端会话	A. Espinosa	…	…	…
3.0首次展示				
3.1准备工作	M. Kidd	…	…	…
3.2执行	M. Kidd	…	…	…
4.0评价				
4.1批准试点	S. Molly	…	…	…
4.2阶段性评价	S. Molly	…	…	…

图5.2　计划表范例

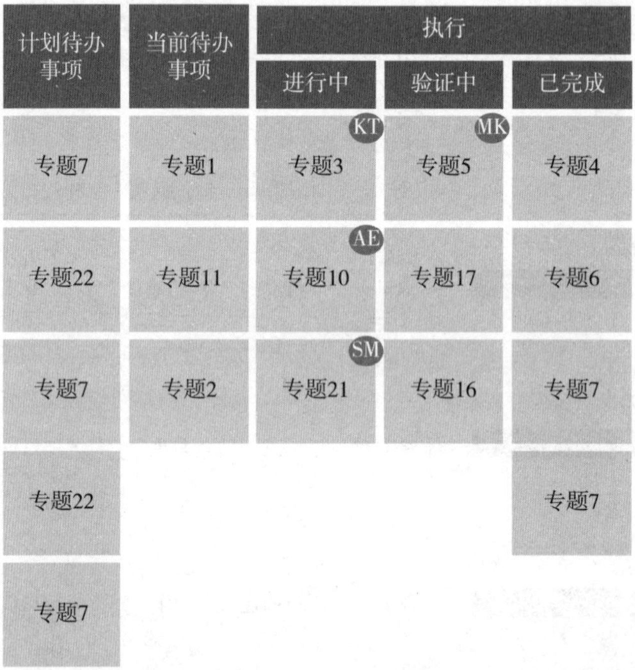

图5.3　看板范例

确保资源用于领导、执行和跟踪

转型计划的执行可能会增加对现有领导和一线员工的需求，可能还需要更多资源。组织的包容度是重要的，因为需要领导变革，且可以并行管理和执行的计划是有限的。资源不足或项目激增可能会形成执行瓶颈，导致进度缓慢，并在实施过程中造成延迟。另外，未充分发挥作用的工作人员或资源过剩的团队可能会增加不必要的成本，降低主动性回报率。其目标是拥有持续支持转型计划的能力，并确保组织的所有部分都获得同等进步。在评估支持重大计划的资源水平时，需要考虑的关键问题包括："考虑到任务的规模，是否有合适的领导人？""在技能或能力方面存在哪些差距？"以及"实施计划所需的额外资源在哪里？"

为了成功实施主要计划，必须有足够的能力和技能在转型办公室、计划团队和更广泛的组织中支持计划执行。由转型计划和主动性产生的工作应该扩大组织的执行能力，但不能过分要求团队或现有一线员工。为了满足资源需求，公司可以根据组织能力来平衡项目的资源需求。当个人、团队或公司压力过大时，可能有必要对计划进行分类，放松计划执行，例如，推迟计划、推迟开始日期、暂停执行或延长时间，或缩小计划范围，从而减少计划成果、特性或需求。为了提高产能，公司可以开展针对性培训，提高一线员工能力，支持新举措，增加正式或临时员工，管理招标过程，指定供应商或合作伙伴。

提高执行能力的主要备选方法包括：

● 内部雇员——固定、定期或临时雇员。一个公司可以完全控制和指导雇员工作，培训一个人如何完成工作，并限制他受雇于其他人。

● 外包员工——承包商或自由职业者。可以在很短的时间内成立一个合格的专业团队，但他们可能会要求更高的费用。外包员工通常工作更自主，对管理和监督的要求更少。他们更加关注产出效益，通常对公司的忠诚度较低。

● 劳务雇佣——如职业介绍所的员工。职位可以很快递补，并为公司带来外部的知识和专长。如果公司有短期、临时性的任务，这类员工有助于满足公司的短期需求。

● 管理服务供应商。提供管理、基础设施和人员来支持计划实施，但这可能需要一定时间。配备外籍工作人员的供应商具有丰富的管理经验，一般会签订服务级别协议（SLAs）来管理低成本工作人员。雇用这类员工有利于减少资本成本，他们几乎没有硬件需求，也无须按月发放工资。

● 咨询公司。可根据协议提供服务、展望或效益。它可以带来外部知识和专业知识，尤其有利于弥补技能缺口。使用咨询公司通常比使用内部员工或雇佣员工的成本更高，但他们具有可塑性，可以保证工作质量和效益。

开展概念验证、原型和试点

通过进行概念验证、原型或试点来缩小实现的初始范围或规模，是许多转型计划的共同特征。由于企业所面对的市场具有越来越大的不确定性和波动性，因此在实施重大措施时能够"测试和学习"非常重要，因为这可以提高执行速度、增强灵活性和降低风险。条件允许的情况下，应主动以价值为目标一步一步实施项目。例如与早期应用者、客户或合作伙伴施行计划，这对项目实施非常有益，因为这个过程可以测试解决方案的可行性，产生额外的收益并培养团队能力。一旦已经确定计划的初始范围或持续时间，就应该评估计划结果，并由此来决定是否应该继续拓展计划。随着计划扩展到新的领域，应推进执行中进展顺利的步骤，在随后部署中停止或修改计划中不成功的步骤。

当在概念验证、原型、试点或全面计划之间进行选择时，最好从两个角度考虑计划：（1）公司实施计划的准备情况；（2）失败的潜在影响或成本（见图5.4）。随着公司准备程度的降低和失败成本的增加，应该缩减实施的初始范围，并解决拓展计划的障碍。在决定启动一个全面计划之前，考虑如下因素可能会比较有效，包括解决方案是否已确定，利益相关者是否支持，以及是否具备足够的能力来实施全面计划。根据这些因素的具备程度，公司可以从以下几个选项中进行选择，以较小的规模或范围实施计划，从而降低失败的风险：

● 概念验证（Proof-of-Concept，PoC）。概念验证是小范围的小规模测试，旨在集中于需要验证的特定假设，一般在进一步投资之前使用。概念验证是具有探索性的，并非一定能成功，所以团队应该将结果融入其他潜在的竞争计划中，同时应用概念验证的结果。

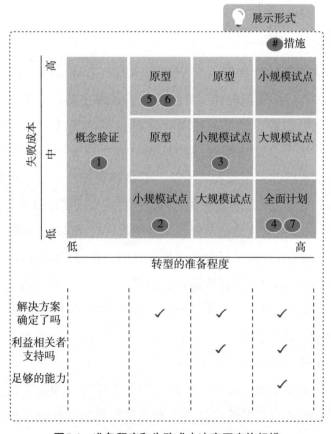

图5.4 准备程度和失败成本决定了实施规模

● 原型。原型包括对概念、产品或业务模型的端到端实验，从而证明解决方案的可行性。虽然原型通常有局限性，但它们的目标是体现积极影响，这些影响可用于获得利益相关者的进一步支持，并形成提高解决方案有效性的经验。

● 试点。试点通常由早期采用者发起，目的是获得支持和培养能力。将试点经验复制到其他目标区域，分步实施，有序部署。收集试点的反馈信息，并用于调整部署，从而改善推广计划。

● 全面计划。全面部署项目和实施计划通常是最快和最有效的方式，但公司必须做好充分准备，比如形成明确的解决方案，来获得利益相关者的支持、拥有足够的能力和降低失败的可能性。当扩大计划实施规模时，无论成功还是失败都会被放大。

管理举措实施

当在整个计划或计划组合中贯彻执行有效的管理条例时，就可以快速而富有信心地管理转型计划实施。采取主动性措施来管理计划的实施，例如监控进度和尽早解决实施过程中的问题，可以调整计划和改变路线，从而将错过截止日期、成本超支和转型失败的代价降到最低。虽然许多项目实施方法，如敏捷模式或项目管理知识体系（PMBOK）规定了所用的程序和工具，但管理举措实施的基本原则是相同的：团队和领导者应该定期开会审查绩效，建立进展、风险和责任监督机制，并能够在出现意外挑战时处理它们，直到完成所有计划目标。本节描述了如何通过定期评审会议的简单层次结构来跟踪进度和报告，监控计划实施，以及在出现常见问题时及时采取措施解决这些问题，随时管理各项举措的实施。。

1. 保持审核节奏

定期的审查会议是评估主动性工作的总体进展和在实施过程中进行方向修正的机会。多数大公司会有多层级管理并且有许多利益相关者群体参与到转型计划实施中，所以确保公司各部门有效协同合作是一个挑战。将审查过程系统化的一种方法是将转型计划的治理结构转换为会议的层级结构。会议层级中的各小组应定期开会，审查进展情况。各层级的进展应向上级汇报，反馈和决策向下传递。会议制度有效实行时，所有团体都将获取全面的信息；此外，团队应该能够在处理风险、问题和获取机会以及做出重要决定时轻松地获得管理层的支持。

当议程被设计好后，应该根据利益相关群体的需求或职责调整层级结构中各会议的内容、参与者和频率。例如，计划团队可以每天开会，使用总结性表格或实时调度工具，或者围绕看板进行评审。另外，负责人可以每月举行一次会议，会议内容可以涉及前期工作，综合考察计划实施情况，并深入探讨关键议题和建议。为了确保负责人顺利管理举措实施，项目总监会先行与各利益相关方会面，了解任何反对意见或问题，记录会面结果，并在全体会议之前提供给与会者。除了预定的更新转型进展的评审会议外，任何级别的小组也可以根据转型计划的需要，选择经常性或为特定目的开会。例如，一个小组可能需要解决一个问题，达成一个决定，更新转型进展，提供想法或提振士气。

对于所有类型的回顾会议，无论是在研讨会还是在会议室，重要的是培养良好的会议习惯，让管理层和领导者定期评估他们的工作质量和效率。一方面，提高会议效率的一种方法是采用规定的会议形式或为审查会议制定基本规则。例如，许多敏捷型团队采用每日会议形式，会议时间为15分钟，并预先设定议程。另一方面，遵循传统项目实施方法的项目经理可以利用在项目管理知识体系中的会议既定步骤，其中包括明确的角色（领导者、管理者、记录者）、紧凑的议程，以及向与会者和感兴趣的利益相关者分发会议记录。确保会议成功的其他有效建议包括：仅在必要时开会，限制参与者数量，提前分发议程，记录会议纪要，并做好审查。有效的会议既是一门科学，也是一门领导艺术，如果评审会议被证明是无效的，那么领导者和管理者应该采取措施来改进它们。这可能意味着遵循更结构化的形式、更多的投入、做好前期工作，或提高会议便利化，从而实现目标。

2. 跟踪进展、风险和责任

在实施期间跟踪和报告计划实施的状态，让组织内所有级别的利益相关者了解进展、风险和问题。通常建议在实施计划的早期建立跟踪和报告机制，确保工作情况可视化，以便管理计划。从财务的角度来看，这可能需要在公司的财务系统中建立新的成本中心或单独的成本编码，或者跟踪到总账所反映的财务状况。定期审查会议可以汇报进度报告，以便采取及时的行动，作出基于事实的决定，保证计划有序实施。在决定跟踪什么、如何跟踪以及由谁跟踪时，最终应该遵从工作目标和工作实效。由于不同的利益相关者会有不同的需要，资讯的种类、详细程度和呈现方式会因受众的不同而有所不同：

● 主动型领导和团队。在团队的级别上，跟踪计划可以采用定期更新的看板或时间表的形式。大多数在线协作工具能够让团队成员实时保持进度，并在每周会议上进行审查，以便清楚地分配行动和任务，提出问题，沟通即将到来的最后期限①。

● 企业主。企业主一般通过详细的计划报告跟踪进度、风险和问题（见图5.5）。在决定格式和报告的频率时，评估和调整现有报告是有效的，应该在某个时间点针对计划实施状态提供现实可行的措施。报告中要包括的常见部分有：

－基本计划细节（计划名称、负责人/项目经理、报告日期）。

－项目运行状况摘要（范围、预算、时间表）。

－进度总结（实际进度vs计划进度，以及接下来的步骤）。

－关键项目节点/任务的分解与进展和状态。

－关键风险和问题（新问题、未解决问题、关键风险以及如何降低这些风险）。

－管理团队。主要负责人召开的会议，通常针对投资组合级别报告项目状态，同时提供详细的计划报告（见图5.6）。转型办公室准备

---

① 常用的协作工具包括Slack、Kanban、Group Chat、Google Docs和mentions。

关于计划状态的滚动报告，主要包括项目组合级别的进展、成本和转型收益视图，这有助于整体的项目组合管理。

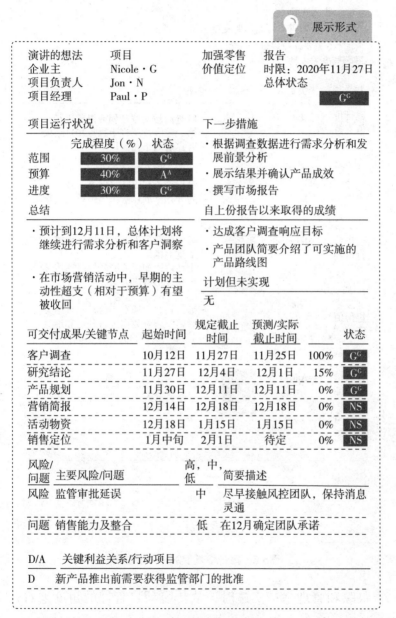

演讲的想法	项目	加强零售	报告
企业主	Nicole·G	价值定位	时限：2020年11月27日
项目负责人	Jon·N		总体状态
项目经理	Paul·P		G^G

项目运行状况

	完成程度（%）	状态
范围	30%	G^G
预算	40%	A^A
进度	30%	G^G

总结

· 预计到12月11日，总体计划将继续进行需求分析和客户洞察

· 在市场营销活动中，早期的主动性超支（相对于预算）有望被收回

下一步措施

· 根据调查数据进行需求分析和发展前景分析
· 展示结果并确认产品成效
· 撰写市场报告

自上份报告以来取得的成绩

· 达成客户调查响应目标
· 产品团队简要介绍了可实施的产品路线图

计划但未实现

无

可交付成果/关键节点	起始时间	规定截止时间	预测/实际截止时间		状态
客户调查	10月12日	11月27日	11月25日	100%	G^G
研究结论	11月27日	12月4日	12月1日	15%	G^G
产品规划	11月30日	12月11日	12月11日	0%	G^G
营销简报	12月14日	12月18日	12月18日		NS
活动物资	12月18日	1月15日	1月15日	0%	NS
销售定位	1月中旬	2月1日	待定	0%	NS

风险/问题	主要风险/问题	高，中，低	简要描述
风险	监管审批延误	中	尽早接触风控团队，保持消息灵通
问题	销售能力及整合	低	在12月确定团队承诺

D/A	关键利益关系/行动项目
D	新产品推出前需要获得监管部门的批准

图5.5 报告格式示例—详细说明

展示形式

状态说明

G	步入正轨
A	一些障碍（可能需要支持）
R	N需要支持以确保实施
NS	尚无支持

措施	负责人	状态	备注
银行价值支持	Jon·N	G^G	·所有活动均按计划或提前进行 ·第一轮客户调查于11月20日结束 ·客户规划正在验证中
修改结论	Melinda·S	A^G	·流程需求在团队之间不一致 ·为寻找标准化解决方案成立工作组
改进信贷过程	Melinda·S	R^R	·因实施解决方案产生的技术挑战导致了重大延误 ·正在讨论如何解决问题;主要负责人正在评估解决方案
加强零售价值定位	Jon·N	G^G	·第一轮客户调查于11月20日结束 ·对客户调查数据进行分析和细分 ·产品团队项目新员工培训完成
升级销售功能	Aarif·M	NS	·等待完成零售估值提案 ·主要负责人正在评估解决方案
…	…	…	
…	…	…	
…	…	…	

图5.6 报告格式示例—详细说明

当跟踪和管理举措实施时，从传统项目管理的角度来看，基本要求是，在开始实施之前，每个计划的范围、进度和预算都有一个确定的基准（参见前文"制订计划并设计详细的解决方案"部分）。在实施过程中，可以将实际完成的范围、时间框架和成本与基准进行比较，以便展示完成进度。许多项目和组合管理（PPM）工具将计划、实施和成效集成到一个平台上，因此一旦制定基准，它也可以用来跟踪进展和报告收益情况（参见前文"制订实施计划并划分责任"部分）。一个集中的平台可以提高速度和敏捷性，并且可以让项目经理和团队定期更新日程安排，实时维护问题、风险，以便创建可持续的计划实施视图。如果所有的转型计划集中在一个共同的系统中进行跟踪和管理，这将另有好处，可以促进项目组合级别的跟踪和报告。为实现整体计划的透明度，许多平台支持将计划累积形成一个主计划和定制计划的开发，并为利益相关者提供单个计划和整体投资组合的进展和预测的实时视图。

3. 解决实施过程中产生的问题

尽管他们尽最大的努力为成功做准备，但是高管团队应该预料到在实施过程中会出现的不可预见的问题，并且一些问题将不可避免地导致计划偏离正轨。当发现这些问题时，领导者应该团结团队找到解决方案，消除阻碍，继续推进计划，而不是寻找错误或推卸责任。在设计解决方案时，可以对发现的阻碍进行规划，或至少确定为风险，并对其进行监控。然而，在实践中，许多问题只会在实施过程中遇到时才会显现出来；最好尽早在计划中修正这些"隐藏的裂痕"。越早发现阻碍并采取行动，为消除阻碍所花费的资源就越少。持续的审查和对进度、风险和责任的跟踪（参见前文"跟踪进展、风险和责任"部分）是能够迅速解决早期突出问题的重要例行程序。为了发现可能存在阻碍的迹象，项目经理、计划负责人和企业主应该利用评审会议积极地探索并提出正确的问题。一旦发现了阻碍，如何管理它们以及解决方案的质量将会对解决问题的结果造成很大影响。

识别阻碍的一种常见方法是形成基于异常的管理报告，将报告的结果与已建立的规则进行比较，并将故障排除工作集中在规则或基准之外的那些领域。例如，一个项目在一个月的时间内变成"红色"，需要更密切的监控和关注，而当状态再次恶化，比如两个月的红色状态，会触发转型办公室更密切地审查该项目并提供支持。三种红色的趋势可能会引发一场利益相关者解决问题的研讨会，并要求主要负责人进行干预。在每一种情况下，都是表现趋势决定是否需要纠正措施或进行升级。红色状态本身并不一定是坏事；事实上，均显示为绿色的状态通常表明团队不愿意报告坏消息，可能需要更高的信息透明度，或者整个团队需要更主动积极地追求项目目标。

领导者和他们的团队应该避免或减轻自发性工作可能偏离正轨的情况，从而防止效果不佳的自发性工作，并避免产生不必要的压力。在实施过程中面临的许多可能影响计划成功的潜在问题中，大多数可以追溯到一个或几个常见原因：

● 管理不善的期望。设定过于激进的目标，低估所需的实际成本或所做的努力，或设定不切实际的时间表，都可能导致业绩不佳和实施不到位的现象。启示：设定符合现实的期望；预见问题从而避免意外；定期交流进展情况。

● 缺乏能力。使用太少的人或不匹配的技能来实施计划会导致低质量的工作、返工、士气低落、瓶颈和延迟。启示：仔细估算所需的资源；建立足够的应急措施；仔细挑选员工。

● 超出预期的范围或复杂性。在实施过程中出现意想不到的复杂情况时，团队通常会扩大实施范围，从而给预算和时间安排增加额外的压力。启示：配备足够的应急措施来应对不可预见的复杂性；正式将扩大范围作为计划变更事项，并将其作为关键决策。

● 缺乏问责制。当计划缺乏明确定义的角色、责任和交付成果时，人们可以逃避任务并推卸责任。启示：明确定义交付成果、角色和职责，并确立责任人。

● 冲突和误解。团队成员、领导和利益相关者之间的冲突和错误沟通，尤其是在风险很高的情况下，可能成为进展的重大障碍。启示：确保每一层级都有适当的沟通机制；促进团队合作。

•未满足的相关关系。并非全部计划都必须由团队完全控制。有时，计划实施与团队控制之外的外部因素有关，这可能会导致延迟。启示：确保与相关关系保持一致性和沟通；监测相互依赖关系并维护应急措施。

团队在实施过程中面临的问题通常是具有普遍解决方案的简单问题。经理或转型办公室成员通常会意识到这些问题，并采取实际措施加以补救。例如，如果一个责任人没有完成任务，经理应该确保其清楚地了解任务，且有能力完成任务，并应该知悉任务未完成的不利影响。但问题可能属于第二类，即没有明确的解决办法。这些问题通常需要转型办公室的额外支持，评估情况、找出原因、详细规划、确定解决方案，并提出建议或制订实施计划。可能需要召开解决问题的研讨会。还有第三类问题：那些高危险性，可能对项目成功产生重大影响的问题。这些问题需要领导层密切关注。它们往往更重大、更难以解决，往往需要主要负责人处理，调整计划，甚至改变目标。

访问：迈克尔·韦尔奇（Michael Welch）

维持多年计划

迈克尔·韦尔奇（Michael Welch）是一位出色的高管，他在AGL能源公司、新闻集团和NBN公司管理过耗时多年且复杂的大型转型项目。迈克尔分享了一些实际见解，主要是关于他在这些大型组织中推动大规模实施转型的方法，以及帮助执行团队融入和维持大型转型项目的方法。

在实施过程中，您如何使转型计划处于正轨？

通过关注实施结果，而不是关注如何实现，可以给予团队一定程度的自主权，这一点很重要。这创造了一种更强的主人翁意识，只要这些结果有助于总体目标实现，并且与转型原则保持一致，就可以由团队解决更多的问题。

从每个工作小组的日常短会开始，明确升级路径，合适的会议节奏，可以帮助计划处于正轨。这有助于各级领导全面了解项目进展和出现的问题，作出重大决定并维持项目处于正轨。

在实施过程中，转型办公室或项目办公室应该扮演什么样的角色？

项目办公室可以为团队提供有效支持，包括在协调活动、报告和为工作组提供可以使用的工具和方法方面发挥作用。在某些情况下，项目办公室可能会使用专门的软件，而在其他情况下，将会运用结构化框架中的桌面应用程序（如Excel）完成这项工作。

关闭项目

当计划已经完成时，即使团队可能已经准备好宣布计划实施成功，通过一个正式的程序来结束计划和获得经验教训也是很好的做法。结束一个计划的步骤应该根据计划类型和所涉及的利益相关者进行调整；需求和正式程度通常随着计划或项目的规模、价值和风险而增加。例如，涉及多个供应商和复杂商业广告的主要计划，例如大型资本项目，很可能遵循一个正式的收尾过程，并将相关活动纳入计划中。一方面，对于像这样的大型项目，对团队、公司和供应商进行正式收尾是有好处的。结束活动用于验证计划实施成果、确保利益相关者签字并庆功。他们可以确保计划成效的可见性，并降低商业风险。另一方面，主要由内部员工完成的小型项目收尾工作可以更偏非正式，重点是收尾工作和庆功，并认可参与其中的个人和团队。

大多数项目实施方法都将收尾步骤内置于项目管理生命周期中。一般来说，包括以下内容：

● 确认项目实施。项目经理验证计划实施。这通常是将实际完成结果与开始前明确定义的可接受标准（计划章程）进行比较。接受标准将取决于初始时如何定义成功：

– 基于活动的度量方法确保所有活动或任务已经完成（例如，捕捉用户需求、配置IT系统、完成测试）。

– 基于结果的度量方法确认目标已经实现（例如，净收入目标、成本削减目标、客户满意度评分）。

• 获得利益相关者协议或签字。执行发起人的签字确认计划已经实施完毕。这通常是基于在计划开始之前明确定义的接受标准（计划章程）。任何差距都应该识别出来，并形成一份系列清单，列出在正式签署之前还需要完成的工作。

• 将正在进行的活动转移到生产线上。任何必须在计划生命周期后继续进行的活动都需要移交给一线工作人员。计划应以从计划团队与运营的顺利交接为目标。一般这涉及整个阶段，在此期间，计划团队和一线工作人员将一起工作，直到团队逐渐退出，活动进入操作阶段。

• 停止计划活动。任何仅与计划实施期间相关的活动都需要停止。团队必须：

– 释放资源——为团队成员过渡到新项目或终止合同做出合理努力。

– 终止财务核算——终止账簿记录以形成最终余额，并防止多余的成本被纳入计划实施。

– 关闭和存档文件——合并所有项目文件，并将其移交给计划的执行发起人或代表。

– 关闭场所——清理计划实施的物理地点，终止团队使用的建筑物和系统访问（根据需要）。

• 记录经验教训。团队在计划过程中开发的知识和积累的经验通常可以纳入未来的计划中，例如识别能够统一部署的机会或行动，以便纳入未来的项目中。特别是对重大项目和投资，实施后审查（Post-Implementation Review，PIR），可以是批判性地评价结果以及计划是否实现了预期结果的机会。需要关注的领域包括：

– 预算满足了吗？（预算vs实际花销）

－所有的目标都达到了吗？

－原定范围都实施计划了吗？如果没有，原因是什么？

－项目是否达到预期结果和关键绩效指标？

－成本与收益相比如何？（成本vs收益）

－预计节省的资金全部实现了吗？

－赞助商满意吗？

－是否吸取了如何避免未来会产生的问题的教训？

● 团队的认可。完成一个重要计划是一项伟大的成就，认可团队和个人的努力是很重要的——无论是私下认可还是公开认可。

－私下奖励和认可那些做出重大贡献的员工，对激励和留住优秀员工来说很重要。

－公开庆祝成果可以建立员工忠诚度，同时可以加强变革的重要性。它对维持多年任职和缓解员工疲劳感也很重要。

根据目标评估转型的影响

在公司转型时期，会出现许多积极信号表明转型正在发生。这可能包括公司财务状况的明显转变，关键举措的进展报告，以及媒体和金融市场的积极评论。然而，衡量成功的真正标准是该公司在实现其目标方面取得的进展。在最初设定转型目标时建立的"管理总结性表格"为评估每个计划的进展和汇总的结果提供了坚实基础。总结性表格将实际结果与季度或年度目标进行比较，并将其汇总到衡量公司业绩的核心指标中（包括最高标准、最低标准和股本回报率）。通常，与董事会或最高管理层相关的衡量标准可以减少至3~5个重要指标。图5.7提供了一个范例，说明了如何根据目标对单项计划和整体公司转型结果进行跟踪和报告。管理总结性表格中应该包括的有效元素是：财务和运营目标、关键绩效指标和工作目标是否得到满足、目标的变化百分比和前一阶段的绩效趋势。

	监测关键绩效指标	实际	目标	风险价值(%)	20 Q2	20 Q1	19 Q4	趋势
底线	约定信息速率	[x]	[x]	[x]	[x]	[x]	[x]	↔
	净收益，亿美元	[x]	[x]	[x]	[x]	[x]	[x]	↑
	净资产收益率	[x]	[x]	[x]	[x]	[x]	[x]	↓
记录零售增长	贷款数量，亿美元	[x]	[x]	[x]	[x]	[x]	[x]	↓
	股东净收益	[x]	[x]	[x]	[x]	[x]	[x]	↓
	佣金净收益，亿美元	[x]	[x]	[x]	[x]	[x]	[x]	↔
促进中小企业发展	贷款数量，亿美元	[x]	[x]	[x]	[x]	[x]	[x]	↓
	股东净收益	[x]	[x]	[x]	[x]	[x]	[x]	↓
	佣金净收益，亿美元	[x]	[x]	[x]	[x]	[x]	[x]	↓
构建企业部分	贷款数量，亿美元	[x]	[x]	[x]	[x]	[x]	[x]	↔
	股东净收益	[x]	[x]	[x]	[x]	[x]	[x]	↔
	佣金净收益，亿美元	[x]	[x]	[x]	[x]	[x]	[x]	↔
改善风险管理	综合成本率占平均水平%	[x]	[x]	[x]	[x]	[x]	[x]	↑
	贷款账目，资本充足率风险加权资	[x]	[x]	[x]	[x]	[x]	[x]	↑
	产占比不良贷款占比	[x]	[x]	[x]	[x]	[x]	[x]	↔
实现优化程序	多少分支机构，千位数	[x]	[x]	[x]	[x]	[x]	[x]	↔
	多少全职人力工时，千位数	[x]	[x]	[x]	[x]	[x]	[x]	↑
	总运营成本，亿美元	[x]	[x]	[x]	[x]	[x]	[x]	↑

	监测关键节点	进度：○ 计划　■ 实际
组织升级	· 引入空缺的提供支持的领导者	
	· 建立最佳实践组织结构	
	· 将控制范围减少至5~10个下属	
信息技术安全	· 缩小现有解决方案中的差距	
	· 制定银行的信息技术战略	
	· 开发新型信息技术架构	

图5.7　度量计划成功的总结性表格①

① 来源：将"乌克兰商业银行 2022战略"中的关键绩效指标和指标改编为一份总结性表格。

第五章　执行和跟踪

117

实施转型方案可能持续数年，因为通常需要持续努力才能实现艰巨的目标。在行业和市场产生重大混乱的时期，内部和外部情况都可能发生巨大变化，这可能需要高管团队定期评估进展并做出调整。通过适应性推进，高管团队可以在新机会出现时充分利用它们，或者一步一步地应对困难或意想不到的挑战。这种不断适应的能力仍然是在数字时代竞争的基本优势。考虑到这一点，在公司的转型过程中适应变化是持续性需求，高管团队应该响应这一需求，确保随着新信息的出现，转型也随之而变。这包括：

● 定期根据更准确的假设和新信息更新预测，以保持准确的长期观点。

● 根据有关行业、市场或竞争对手的最新信息，完善战略、策略和计划。

● 基于实际结果重新确定计划的优先级，例如建立在实施结果大于预期结果的领域，并推迟没有时间限制的价值较低的计划。

执行建议

1. 制订计划并设计详细的解决方案

△ 转型办公室和企业主一起工作，以建立后勤保障，发起启动沟通，建立计划团队，为每个计划制订详细的解决方案。

2. 制订实施计划并划分责任

△ 将计划的解决方案转化为更小的任务或任务组，这些活动或任务可以被规划并分配给明确的责任人。

△ 转型办公室可以选择根据实施时间表来监管核心项目或项目组合管理解决方案。

3. 确保资源用于领导、执行和跟踪

△ 确认资源缺口，并利用所需的技能和能力扩大组织（例如，新员工、雇佣承包商、聘用劳务雇佣组织将活动外包给管理服务供应商或聘请咨询公司）。

4. 开展概念验证、原型和试点

△ 根据需要处理的失败后果和组织转型的准备情况，评估和调整计划实施的范围和规模。

5. 管理举措实施

△ 建立和维持实施程序，推动持续性进展，包括：

• 保持定期会议的等级制度，评估进展并做出修正。

• 持续跟踪，报告计划和计划状态，以确保进展、风险和问题的可视化。

• 主动识别并解决实施过程中出现的问题。

6. 关闭项目

△ 一旦他们已经完成计划，验证实施结果，安全签字并庆祝完成，即执行正式的计划收尾程序。

7. 根据目标评估转型的影响

△ 定期跟踪和审查转型的总体关键绩效指标和节点，根据目标评估取得的进展。

△ 将汲取的教训和成果纳入未来的活动，包括：

• 更新预测。

• 精简战略，策略和计划。

• 根据结果重新确定计划的优先级。

延伸阅读

Agile Manifesto (2001). 'Principles behind the Agile Manifesto.' [online].

Melton, T., and Iles-Smith, P. (2009). *Managing Project Delivery.*

Maintaining Control and Achieving Success. Butterworth-Heinemann.

Murray, A., Bennett, N., and Bentley, C. (2009). *Managing successful projects with PRINCE2* (2009 edn manual). TSO.

Project Management Institute (2004). *A Guide to the Project Management Body of Knowledge (PMBOK guide)*. Project Management Institute.

附录一：诊断公司业绩

图AI.1概述了逐步诊断公司业绩的方法。下面将进一步详细描述每个步骤。

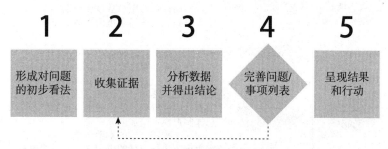

图AI.1 诊断公司业绩的结构化方法

1.形成对问题的初步看法

从确定需要做什么开始。根据对管理层的初步了解，以及公司和行业面临的更广泛的问题，准备一份假设的问题清单。该列表还确定了哪些方面需要改变，并应关注业务中的关键杠杆，从而确定是什么影响了收入和成本，以及哪些杠杆对业绩的影响最大。识别问题可以采用损益表结构或价值驱动树状图，这类方法较为全面且结构化，同时确保所识别的问题是完整（没有差距）、不同（没有重叠）和一致的（相同的细节水平）。例如，图AI.2显示了如何使用价值驱动树状图系统地审查股东权益的每个驱动因素，并考虑每个驱动因素中的潜在问题。每个假定的问题构成诊断范围和计划的基础（见图AI.3）。

2.收集证据

将向财务部门提出的数据请求和从与关键高管的初次面谈中收集

到的信息相结合，形成公司投入基础。理想情况下，相关的度量周期应该确保5年的历史数据、今年起至今的实际数据和预算，以及3年的预测数据，但运营周期较长的行业可能需要更长的时间序列。所有收集到的关键信息都应该清楚地与确定的问题联系起来（见图AI.2），通常包括：

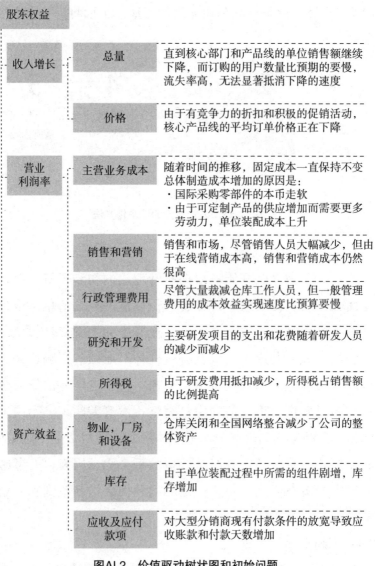

股东权益		
收入增长	总量	直到核心部门和产品线的单位销售额继续下降，而订购的用户数量比预期的要慢，流失率高，无法显著抵消下降的速度
	价格	由于有竞争力的折扣和积极的促销活动，核心产品线的平均订单价格正在下降
营业利润率	主营业务成本	随着时间的推移，固定成本一直保持不变总体制造成本增加的原因是： ·国际采购零部件的本币走软 ·由于可定制产品的供应增加而需要更多劳动力，单位装配成本上升
	销售和营销	销售和市场，尽管销售人员大幅减少，但由于在线营销成本高，销售和营销成本仍然很高
	行政管理费用	尽管大量裁减仓库工作人员，但一般管理费用的成本效益实现速度比预算要慢
	研究和开发	主要研发项目的支出和花费随着研发人员的减少而减少
	所得税	由于研发费用抵扣减少，所得税占销售额的比例提高
资产效益	物业，厂房和设备	仓库关闭和全国网络整合减少了公司的整体资产
	库存	由于单位装配过程中所需的组件剧增，库存增加
	应收及应付款项	对大型分销商现有付款条件的放宽导致应收账款和付款天数增加

图AI.2　价值驱动树状图和初始问题

- 财务报表，包括
  - 损益表（合并及按部门划分）
  - 资产负债表
  - 现金流量表
- 收入细分，包括
  - 分产品线销售
  - 价格随时间变化
- 成本损失，包括
  - 按项目或活动分别列示的资本支出
  - 固定成本
  - 变动成本
- 客户数据，包括
  - 客户账户
  - 购买历史记录
  - 年消费额
  - 盈利能力
- 员工数据，包括
  - 组织架构图
  - 联系方式
  - 员工薪金和工资成本
- 利益相关者和债务人
- 竞争对手信息

假设问题	分析	所需数据	责任人	截止时间	问题是否真实	关注度
核心产品线的单位销售额正在快速下降	图表显示过去三年按产品线划分的销售收入图表（x轴时间，y轴收入）	产品销售数据	Daniel P.	7月17日	对/错	……
客户接受软件订阅的速度比预期要慢	包含在上面	产品销售数据	Daniel P.	7月19日	对/错	……
用户流失是软件订阅销售缓慢的主要原因	图表显示过去三年的客户保留率（x轴时间，y轴保留率）	客户销售数据	Sarah K.	7月17日	对/错	……
平均订单价格随折扣和促销活动的增加而下降	图表显示过去三年的平均交易定价和折扣（x轴时间，y轴平均交易定价/折扣）	客户销售数据	Sarah K.	7月19日	对/错	……
固定成本同比持平，尽管收入下降进一步压缩了利润率	图表显示过去三年固定成本及营业利润及利润率图表（x轴时间，y轴利润/利润率）	损益表：固定成本、利润和利润率	Sarah K.	7月21日	对/错	……
……			……		……	……

图AI.3　证明/反驳工作计划并量化问题

3. 分析数据并得出结论

　　数据和分析可以用来证明或反驳每个问题，了解每个问题的严重性，并为得出结论提供基础。如果管理层已经知道问题，例如公司处于困难时期的现金短缺，那么分析的价值就不在于确定问题，而在于揭示问题的严重程度。所使用的分析类型和信息呈现是根据问题的具体情况而调整的，但一些有用的方法在图AI.4~图AI.7中给出，包括损益表、资产负债表和现金流趋势、财务比率、成本结构分析和资本回报率（Return On Capital Employed，ROCE）分析。

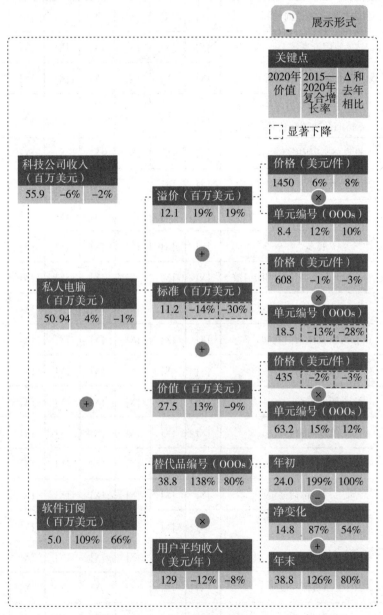

图AI.4 识别财务和经营趋势

比例	Y–3	Y–2	Y–1	CY	Y+1	Y+2	Y+3
资本回报率（ROCE）	[X]	[X]	[X]	[X]	[X]	[X]	[X]
税息折旧及摊销前利润	[X]	[X]	[X]	[X]	[X]	[X]	[X]
使用资本额	[X]	[X]	[X]	[X]	[X]	[X]	[X]
投入资本回报率（ROIC）	[X]	[X]	[X]	[X]	[X]	[X]	[X]
息前税后经营利润=税后（30%）税息折旧及摊销前利润	[X]	[X]	[X]				[X]
投入资本=使用资本	[X]	[X]	[X]	[X]	[X]	[X]	[X]
净资产收益率（ROE）	[X]	[X]	[X]	[X]	[X]	[X]	[X]
目前的净收益	[X]	[X]	[X]	[X]	[X]	[X]	[X]
股本	[X]	[X]	[X]	[X]	[X]	[X]	[X]
净负债/税息折旧及摊销前利润倍数	[X]	[X]	[X]	[X]	[X]	[X]	[X]
净负债	[X]	[X]	[X]	[X]	[X]	[X]	[X]
税息折旧及摊销前利润	[X]	[X]	[X]	[X]	[X]	[X]	[X]
流动比率	[X]	[X]	[X]	[X]	[X]	[X]	[X]
流动资产	[X]	[X]	[X]	[X]	[X]	[X]	[X]
流动负债	[X]	[X]	[X]	[X]	[X]	[X]	[X]
速动比率	[X]	[X]	[X]	[X]	[X]	[X]	[X]
流动资产不包括存货	[X]	[X]	[X]	[X]	[X]	[X]	[X]
流动负债	[X]	[X]	[X]	[X]	[X]	[X]	[X]
杠杆比率	[X]	[X]	[X]	[X]	[X]	[X]	[X]
净负债	[X]	[X]	[X]	[X]	[X]	[X]	[X]
股本	[X]	[X]	[X]	[X]	[X]	[X]	[X]

图AI.5　比率分析：财务业绩和风险

网上零售的成本结构
百万美元，销售额百分比

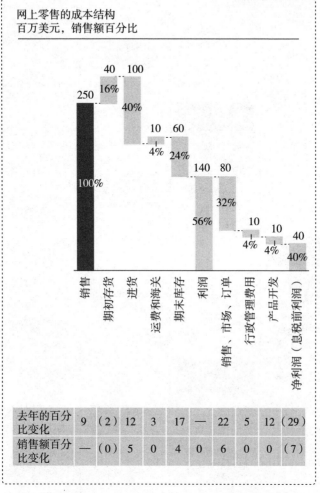

	销售	期初存货	进货	运费和海关	期末库存	利润	销售、市场、订单	行政管理费用	产品开发	净利润（息税前利润）
去年的百分比变化	9	（2）	12	3	17	—	22	5	12	（29）
销售额百分比变化	—	（0）	5	0	4	0	6	0	0	（7）

图AI.6　成本分解（"成本瀑布"）

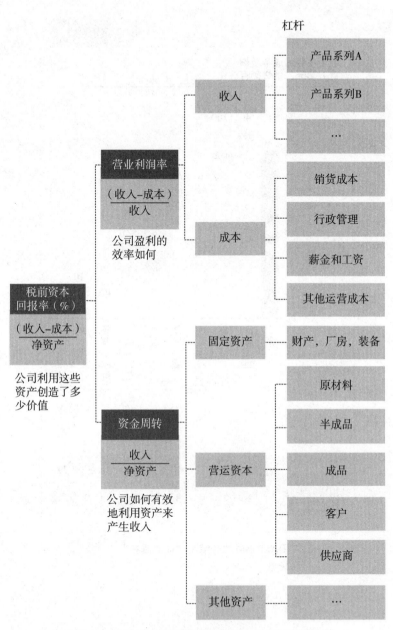

图AI.7　运用资本回报率（ROCE）进行识别改进

4. 完善问题

对公司面临的问题进行"入市假设"，可以使诊断聚焦于关注的关键领域；但是，应该在诊断过程中不断细化该列表。根据访谈和数据分析，可能会出现新的问题，需要将这些问题添加到原始清单中。与此同时，一旦数据可解释，之前假设的问题可能被证明是无关紧要的，因此无须进行进一步分析。这种迭代的方法，通过对问题列表的定期更新和持续的优先级划分，确保诊断是全面的，同时保持对关键主题的关注（80/20规则）。

5.呈现结果和行动

最后一步是呈现诊断结果，并建立响应计划的一致性行动，包括：（1）确定问题和需响应的类型；（2）确定并建议任何短期行动，例如速赢或解决紧急的运营或财务问题；（3）建议实施方法，并商定下一步步骤，制定全面应对挑战和机遇的战略应对措施。

附录二：监控和改善现金流

现金流是公司的命脉。如果一家公司面临现金紧缩，通过建立有效的系统和流程来管理现金及其流动性就变得至关重要，因为"早期预警系统"能够主动识别并作出干预，防止现金短缺或破产交易。一家企业至少应当保持持续经营，在债务到期时有能力偿还债务，并在报告期结束后的至少12个月内保持偿付能力。

在短期内积极管理现金，特别是当优先考虑现金需求时，可以从"现金作战室"或"现金实验室"的集中管理中受益，以了解现有现金状况，并创造持续的可见性和透明度。"现金实验室"（见图AII.1）提供了一种现金管理的综合方法，包括监控和预测公司的现金流状况，通过识别和优先选择来弥补预期的不足或差距，以及执行现金增值和储蓄计划来实现设定的目标。通常情况下，"现金实验

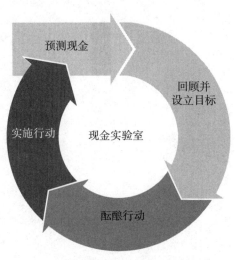

图AII.1　"现金实验室"的概念

室"由财务部门运作，但也应纳入转型办公室或类似的中央项目管理办公室的管理之中。办公室可以发挥协调联系作用，从而获取每个部门的定期投入，定期召开现金审查会议，并保持对现金管理计划的监督，由此来确保整体的工作进展。

建立和运营"现金实验室"所涉及的关键活动可以通过四个步骤进行管理：

1. 建立现金预测模型

建立一个可靠的现金预测模型是为公司现金流提供透明度和可见性的核心，其出发点是根据当前和历史现金流数据建立现金预测模型，并验证所记录现金流的过程和数字本身是否可靠，这些数字将成为财务模型的关键输入信息[①]。现金的每次流入和流出，都是基于对未来的预测，并且应将关键假设和计划举措纳入考虑。一旦建立了财务模型，它就可以用于规划目标，并作为每日、每月和每季度现金流预测报告的基础。现金预测模型应该能够回答有关公司现金状况的关键问题，包括：

● 公司目前的现金前景如何——在短期、中期和长期呢？

● 公司主要的现金流入和流出有哪些？随着时间的推移，它们可能发生怎样的变化？

● 公司需要多少现金储备才能满足当前和未来的现金需求？

2. 审查现金状况和目标

在筹备现金审查会议时，通常需要各部门按照模板，填报他们对现金流的最新预测。这些数据由转型办公室整理，将其输入现金预测模型，生成更新的报告。公司的现金状况应当定期（至少每月）审查一次，这样便于讨论公司的现金流动性要求，并且监控每个部门的现金使用情况。

---

① 如果公司内部已经在使用现金模型，则应审查现有模型，确认该方法是可接受的，并且根据新的假设和情景进行调整。

现金流动性讨论会的典型议题有：

● 当前现金流的总体情况。

● 审核预算与实际现金水平的差异，以及与上月同期相比的差异。

● 对个别交易项目进行评估、讨论和审批。

对公司整体现金状况的管理，应当根据总体需求目标进行。公司从运营中获取的最低现金水平需要足以偿还债务，这个指标可以用"营运现金流量"（FFO）衡量。也就是说，营运现金流量不应低于到期需要偿还的债务本息。此外，现金需求目标应考虑流动性缓冲，并且能够捕捉到任何新出现的现金需求，来支持整个转型计划。比如有选择地为建立新能力或支持资本建设计划提供现金。

3. 确定现金计划

如果预计现金短缺（实际流动现金和现金目标之间存在差异），就需要采取行动来缩小差距。要找到最行之有效的方法，就必须确定现金杠杆以及优先次序，以确定最大杠杆的来源。经营费用、资本结构和资本周转率都为改善公司的现金状况提供了一系列杠杆。使用现金的优先次序和选择应该考虑每个杠杆的可行性和未来影响，以制订计划的排序列表。现金短缺的大小和缩小差距的紧迫性将会决定现金管理工作的范围。图1.1概述了经常用于推动短期现金改善的计划，通常包括：

● 减少开销。将管理费用政策从温和变向严苛。

● 固定成本削减。建立一个固定成本的削减计划，动员一个专业团队，进行多次改进。

● 借款计划。筹集额外资金以弥补债务，比如向债权人借款。

● 资本支出重新审查。对已规划和正在进行的资本投资进行分类、重新排序和重新预算，以优化其时机和影响。

● 资产出售。准备资产出售计划，处置非核心资产，以释放资产负债表上的现金。

4. 实施现金计划

一个现金计划应当包括执行和管理两部分，需要不断协调、跟踪和审查相关活动。陷入财务困境的公司通常会采取一系列举措，同时在多个杠杆上运作，形成解决现金紧缺问题的实质性应对计划，然后将短期现金管理行为纳入预测。转型办公室可以支持现金计划的执行，它将协助制订实施计划，并在财务与各部门之间进行跟踪、协调。

附录三：在研讨会上确定愿景

有一个有效且低风险的方法可以确定公司的愿景和战略，并且在管理团队中建立共识，这就是为高管人员举办为期1~2天互动式、结构化的场外研讨会，或者系列研讨会。使用线下沙龙的形式可以促进对公司愿景的协作进行定义，并鼓励塑造战略蓝图的内容和发展关键决策。与此同时，参与者的加入促进了承诺，同时可以作为观察管理团队如何合作的机会。

成功召开场外研讨会的关键是预先确立明确的研讨会目的，通过一个精心设计的方法来实现目标，并在当天提前做好充分准备。良好的引导有助于作出正确决策，带领团队与充满活力的管理团队达成共识。理想情况下，当天协调和管理活动的人员应该是独立的，没有既得利益。一旦举办了线下活动，重要的是要跟进参与者，并确保任何决定或行动的结束。

借鉴之前在变革案例中积累的材料（第二章），场外研讨会应该利用事实基础突出公司最近的表现以及未来行业和市场趋势，并从中提炼出对公司未来的启示。此外，战略选择和解决方案应该在研讨会之前制定，考虑到事实基础的相关方面，包括公司参与的客户价值链、公司的资产和能力，以及来自竞争对手和其他公司的案例研究。

使用研讨会来确定愿景、确定公司重点关注领域和发展战略选择，其总体建议方法要遵循以下四个步骤：

1.建立研讨会目标

明确需要实现的目标：

● 为公司确定愿景和目标。

- 确定公司需要重点关注的领域（市场、业务或职能）。

- 在优先考虑需要解决的痛点和问题方面达成一致。

- 生成解决方案，包括速赢和长期计划。

2. 设计方法

选择和设计一个最适合受众的研讨会，以达到目的。它可以包括以下部分或全部方法：

- 演讲者演示——内外部演讲者向参与者分享主题和内容，以达到告知、启发或激励的目的。这一点可能涉及公司的客户、行业专家或主要高管。

- 参观展廊——这是一种展示方式，参与者在展廊内参观，了解公司的历史表现并确定优先重点关注领域，有时被称为镜子工作室。

- 问卷调查——在研讨会期间收集数据，可以进行实时分析，用以调整研讨会的程序和活动，或在会后分析，为会后的决策和行动提供信息。

- 小组讨论——讨论、头脑风暴和创意产生。参与者提出想法并贡献内容，通常是分成几个小组，需要准备便利贴和活动挂图。

- 评价活动——根据标准或相对重要性对内容进行协作探索和排名，这可能涉及将内容分组到主题中，并应用评分方法来在整个小组中达成共识。

- 模拟——通过互动使参与者探索概念，亲身体验结果，这对于涉及过程或客户内容的换位思考非常有用。

3. 计划并实施的当天

研讨会的成立和运作所需的实践组织和准备工作包括以下内容：

- 确定与会者及嘉宾——决定谁将出席（例如决策者、关键影响者、主题专家）。

- 制定议程——为每个研讨会确定顺序、分配时间、主持人或演讲者（运作流程）。

准备研讨会内容——准备材料和定稿（打印讲义、大幅印刷品、文具、材料或道具）。

● 准备场地、后勤、布置等。

4.会后行动

在研讨会期间就所需的后续步骤和研讨会后的行动达成一致，以确保实现目标：

● 设置并商定实现研讨会目标的时间节点，包括最终签署。

● 完成并分配研讨会内容（产出、决策、商定的后续步骤、最终签署的时间表）。

● 后续行动以支持研讨会目标（线下工作调查、尝试想法、解决问题、提供输入或验证）。